FAKE

La verdad de las noticias falsas

NEWS

FAKE

La verdad de las noticias falsas

NEWS

Marc Amorós Garcia

Prólogo de Jordi Évole

Plataforma
Editorial

Primera edición en esta colección: febrero de 2018

© Marc Amorós Garcia, 2018
© del prólogo, Jordi Évole, 2018
© de la presente edición: Plataforma Editorial, 2018

Plataforma Editorial
c/ Muntaner, 269, entlo. 1ª – 08021 Barcelona
Tel.: (+34) 93 494 79 99 – Fax: (+34) 93 419 23 14
www.plataformaeditorial.com
info@plataformaeditorial.com

Depósito legal: B. 2.390-2018
ISBN: 978-84-17114-72-5
IBIC: JF

Printed in Spain – Impreso en España

Diseño de cubierta y fotocomposición:
Grafime

El papel que se ha utilizado para imprimir este libro proviene
de explotaciones forestales controladas, donde se respetan
los valores ecológicos, sociales y el desarrollo sostenible del bosque.

Impresión:
Liberdúplex
Sant Llorenç d'Hortons (Barcelona)

«QUIEN SE MIENTE Y ESCUCHA SUS PROPIAS MENTIRAS LLEGA A NO DISTINGUIR NINGUNA VERDAD, NI EN ÉL, NI ALREDEDOR DE ÉL.»

Stárets Zosima,
en *Los hermanos Karamazov* de Fiódor Dostoievski.

«FAKE NEWS IS THE ENEMY.»

Donald Trump,
45.º presidente de los Estados Unidos de América.

«DON'T TELL ME A LIE AND
SELL IT AS A FACT.
I'VE BEEN DOWN THAT
ROAD BEFORE
AND I AIN'T GOING BACK.»

Joe Grushecky y Bruce Springsteen
en la canción *That's What Makes Us Great*

«TODOS NOS CREEMOS
LAS MENTIRAS QUE NOS
CONSUELAN MÁS
QUE LA VERDAD.»

Dennis Lehane
en *Vivir de noche*

ÍNDICE

PARTE 1
WHAT THE FUCK, FAKE NEWS!

PARTE 2
¡PELIGRO! *FAKE NEWS*

PARTE 3
LAS *FAKE NEWS* PERJUDICAN SERIAMENTE AL PERIODISMO

PARTE 4
CONTRA LAS *FAKE NEWS*: PLAN DE ATAQUE

PARTE 5
BIENVENIDOS AL *FAKE WORLD*

Bienvenido o bienvenida.

Este libro va de *fake news*, palabra del año 2017 según los diccionarios Oxford y Collins. Una expresión cuyo uso en los últimos doce meses ha aumentado en un 365 %.

Antes de empezar, un dato y una pregunta:

En 2022 la mitad de las noticias serán *fake news*.[1]

Y no podremos eliminarlas. Ni con la ayuda de máquinas.

Y ahora, la pregunta:

¿Qué prefieres: leer *fake news* o comer caca?

La pregunta no es gratuita. Puede que te parezcan dos acciones muy distintas, pero para el papa Francisco son lo mismo. «Los medios de comunicación y los periodistas que difunden *fake news* corren el riesgo de caer presos de la coprofilia (interés anormal por la caca) y sus lectores, a su vez, corren el riesgo de coprofagia (ganas de ali-

---

1. Informe Gartner, *Predicciones Tecnológicas para el 2018*. Disponible en: <https://www.gartner.com/technology/research/predicts/>; <https://www.gartner.com/newsroom/id/3811367> y <https://twitter.com/Gartner_inc/status/927849670033989632>.

mentarse de heces)», afirmó el sumo pontífice en diciembre de 2016 en una entrevista al semanario católico belga *Tertio.*[2]

No sé si ambas acciones son lo mismo, pero tengo claro que las dos afectan a nuestra salud. Comer caca, a nuestra salud nutricional. Y leer y creer *fake news* se carga nuestra salud informativa. **Y una sociedad con mala salud informativa vive condenada a la ceguera. Si llegamos al punto en que no podemos confiar en las noticias, solo nos creeremos las que reafirmen nuestro pensamiento**. Es decir, aquellas que nos den la razón.

Esto nos conducirá a una sociedad impermeable al pensamiento ajeno o contrario. Nos volveremos ciegos y sordos a todas las noticias contrarias a nuestros prejuicios y opiniones preconcebidas. No estaremos dispuestos a que la información nos quite la razón, acto que nos llevará a una polarización cada vez más radical.

Amigos y amigas, no hay duda de que **estamos dejando de ser una sociedad de la información para adentrarnos en la sociedad de la desinformación. En la sociedad de la información falsa.**

Así que con permiso de Rafael Sánchez Ferlosio: «Vendrán más *fake news* y nos harán más ciegos».

Pasen y lean, pero antes les dejo con unas palabras de mi colega Jordi Évole.

---

2. Pullella, P., «Pope warns media over 'sin' of spreading fake news, smearing politicians», Reuters, 7 de diciembre de 2016. Disponible en: <http://www.reuters.com/article/us-pope-media/pope-warns-media-over-sin-of-spreading-fake-news-smearing-politicians-idUSKBN13W1TU?il=0>.

EL (MAL) ESTADO DE LA INFORMACIÓN

POR JORDI ÉVOLE

Cuando Marc Amorós me pidió que le escribiera algo para incluir en este libro que tienes en las manos, pensé: «¿Por qué me lo pide a mí? ¿Acaso me ve como a alguien experto en dar noticias falsas?». E inmediatamente, pensé que igual un poco sí que podía pensar eso... De hecho, Amorós recupera un episodio de *Salvados* muy comentado en su momento: una señora aparece desesperada en una administración de lotería, el día del Sorteo de Navidad, con una bolsa con un papel triturado que aseguraba que era un boleto premiado. Era una actriz que enviamos nosotros, sí, y no avisamos hasta que nuestra «performance» había aparecido en informativos y periódicos de toda España como noticia real.

¿Por qué se lo tragaron? Porque el periodismo ya padecía de males que sigue padeciendo hoy: escasez de medios, prisa, competencia feroz, dictadura del clic... Una concatenación de males que tenían (y siguen teniendo) una víctima principal, el rigor. Nadie comprobó que lo que estaba contando la señora fuese cierto. Lo vieron, lo oyeron, les gustó la historia y la publicaron. ¿Por qué lo hicimos? Pues para denunciar todo esto (y porque era otra época del programa y nos permitíamos transgredir ciertos límites para exponer situaciones que no nos parecían bien, pero esa es otra historia).

De todo esto va *FAKE NEWS. La verdad de las noticias falsas*. Qué son, quién las hace, con qué objetivos y cómo se propagan las noticias falsas que nos llegan cada día a cada uno de nosotros, ya sea vía redes sociales o a través de los grandes medios, que se siguen tragando noticias falsas y difundiéndolas como verdaderas.

Puede parecer una paradoja que justo en la época actual, en la que es más fácil acceder a la información, contrastar una noticia buscando distintas versiones, en la que tenemos el mundo entero a nuestro alcance desde el móvil que cabe en nuestra mano, sea cuando más se hable de noticias falsas, de mentiras que, ya sea los medios o la gente a través de las redes sociales, compartimos como ciertas. Pero no lo es. Como dice Iñaki Gabilondo, vivimos en una época de inundación informativa; y cuando hay una inundación, lo más difícil es encontrar agua potable. O sea, a más información disponible, más difícil es encontrar «información potable». A más información, más mentiras corriendo.

No seré yo el que diga que no se pueden contar historias que no sean reales. El problema es la intención que tiene el que la cuenta. Además de la secuencia de la falsa señora de la lotería, me viene otra historia a la cabeza. ¿Os suena *Operación Palace*? Allí nos imaginamos una historia alternativa a la oficial de lo que había pasado el 23F. Y lo emitimos sin advertir de que era una historia inventada... hasta el final del programa, cuando no solo avisamos de que era ficción, sino que montamos un debate sobre si se podía hacer lo que acabábamos de hacer. Mucha gente se creyó que lo que contábamos era cierto. ¿Por qué se lo creyeron? Pues porque molaba mucho que fuera verdad, era muy guapo vivir en un país en el que alguien como José Luis Garci podía dirigir un golpe de Estado. ¿Por qué lo hicimos? Pues para pasar un buen rato y hacer reflexionar, hacer dudar a la gente. Lo que contamos no era cierto, pero ¿podemos asegurar que lo que nos cuentan las versiones oficiales lo es?

Y esta es una de las claves de las *fake news* que destaca Amorós: se propagan tanto y tan rápido porque la mayoría nos las creemos, y nos las creemos porque nos gustan. Y los que generan este tipo de noticias lo saben, y se aprovechan de ello. Pero tendréis que leer el libro para conocer los detalles.

Todo lo que encontraréis en él os sonará: ¿Os suena Donald Trump y su acusación (que es ya casi una muletilla) de llamar «*fake news*» a cada información sobre él que publican los medios y no le gusta? Pues está en el libro. ¿Os suenan los atentados del 11M y cómo se consideró a ETA responsable? También está. Es más, ¿os suena la guerra de Cuba? La de la independencia de Cuba, en 1898, digo... Pues también aparece, y ya entonces había noticias falsas.

Y un montón de bulos que han corrido por la red, historias de entrevistas inventadas, impostores que han suplantado identidades (¿os suena Enric Marco?). El contenido, que os sonará en su mayoría, y un estilo de escritura muy directo, acompañado de imágenes, hacen de este **FAKE NEWS. *La verdad de las noticias falsas*** un libro que engancha y se lee del tirón. A alguno le parecerá que, justo por esto que acabo de comentar, estamos ante un libro ligero: no lo es. No solo cuenta casos, sino que plantea preguntas que nos deberían hacer reflexionar.

Para mí, aunque sea por deformación profesional, la pregunta que más me ha interesado es esta: «¿Dónde ha estado el periodismo estos años?». Porque una cosa es que nosotros como individuos nos creamos un bulo que nos pasan y lo reenviemos por WhatsApp, pero que medios como el *New York Times*, *El País* o *La Repubblica*, como cuenta Amorós en el libro, hayan difundido noticias falsas, es más grave y nos da una pista de cómo está el periodismo hoy. Si estos medios, que están en la primera división del periodismo mundial, sucumben, ¿qué pasará en los medios más modestos?

Internet, los problemas financieros de los grandes medios y su consecuente falta de independencia, los intereses políticos de cada medio, la falta de recursos en las redacciones y la dictadura del clic, han llevado a la profesión (y me incluyo) a relajar el rigor, el contrastar las noticias... Y como ahora las noticias falsas, igual que se propagan a la velocidad de la luz, se descubren rápidamente, la confianza de la sociedad en los medios de comunicación cae en picado. Y si los medios no tenemos credibilidad, ya nos diréis qué sentido tiene que existamos.

Otra reflexión interesante que plantea este libro es: ¿por qué aquellos que tienen algún poder, sea político o económico, llaman *fake news* a las noticias que no les convienen? Precisamente para cargarse la credibilidad de los medios no afines, para que la verdad, los hechos, se pongan siempre en duda y haya que fiarse de su versión.

Amorós no solo plantea las causas y los problemas derivados de la existencia de las noticias falsas, también propone soluciones. Y hay una que me parece básica: desde la explosión de Internet nos hemos acostumbrado a que el acceso a la información sea gratis. Y ya hemos visto los problemas que comporta esto. Si los usuarios no pagamos por la información, lo hará alguien más, y este alguien, sea un banco, una administración o una marca comercial, es muy difícil que tenga los mismos intereses que nosotros. Es más, seguramente serán intereses opuestos.

Así que permitidme acabar con un par de recomendaciones: hay que pagar por la información y hay que cuestionar todo lo que nos cuenten.

Y ahora, disfrutad del libro, pasaréis un buen rato leyéndolo. Y luego os preocuparéis. Espero…

JORDI ÉVOLE,
periodista y presentador de televisión

1
WHAT THE FUCK, FAKE NEWS!

CAPÍTULO 1

¡EXTRA, EXTRA!
FAKE NEWS!

Pongámonos en esta situación: vamos andando por una calle céntrica de la ciudad y de repente vemos a un niño con pantalones cortos y gorra inglesa, cargado de periódicos que quiere vender al grito de «¡Extra! *Fake news*! *Fake news*! ¡Mentiras! ¡Mentiras!».

¿Compraríais el periódico que pregona el niño vendedor? Apuesto a que no. La pregunta, entonces, es: si no lo compraríamos en la calle, ¿por qué lo hacemos en Internet?

Las *fake news,* hoy en día, se venden y se compran solas. No necesitan de niños voceros en la calle como cuando se vendían los primeros periódicos. De hecho, solo necesitan crear una información verosímil, que no veraz, y colarse dentro de una red social que facilite su propagación a velocidad de vértigo.

Entonces, si las *fake news* son mentiras:

- ¿Por qué las compramos en Internet?
- ¿Por qué nos las creemos?
- ¿Por qué las compartimos?
- ¿Por qué preferimos una noticia falsa a que la verdad nos estropee la realidad?

- ¿Por qué existen?
- ¿Quiénes las fabrican?
- ¿Quiénes las difunden?
- ¿Quiénes las viralizan?
- ¿Quién sale ganando con ellas?
- ¿Por qué son peligrosas?
- ¿Dónde está el periodismo ante una noticia falsa?
- ¿Cuál es la verdad de las noticias falsas?

Vamos a verlo.

CAPÍTULO 2

LAS *FAKE NEWS* NO SON NINGÚN JUEGO

Descubrir o no una noticia falsa. Esta es la cuestión.

**Seis de cada diez españoles se cree capaz
de distinguir una noticia falsa de una noticia verdadera.**

Sorprende la confianza que tenemos en nuestro instinto o en nuestra capacidad para detectar el engaño. Si de verdad fuéramos tan infalibles, las *fake news* no serían tan efectivas hoy en día.

Nuestra salud informativa actual y futura descansa sobre todo en nuestra pericia para detectar noticias falsas. Pero lo importante no es que nos creamos capaces, sino que realmente lo seamos.

¿Lo probamos?

Entre los diez titulares de la página siguiente hay noticias reales y *fake news*. Adivina cuál es cuál:

TITULAR 1

AMAZON SE PREPARA PARA LANZAR UN SUPERMERCADO ROBOTIZADO

NOTICIA REAL ■   *FAKE NEWS* ■

TITULAR 2

DETIENEN A UN HOMBRE POR LLAMAR 2.600 VECES A UNA COMPAÑÍA TELEFÓNICA PARA NO ESTAR SOLO

NOTICIA REAL ■   *FAKE NEWS* ■

TITULAR 3

JORDI PUJOL AMENAZÓ CON PUBLICAR UN DOSIER QUE HARÍA CAER LA DEMOCRACIA EN ESPAÑA SI IBA A LA CÁRCEL

NOTICIA REAL ■   *FAKE NEWS* ■

TITULAR 4

DESCUBIERTA UNA ISLA DE PLÁSTICO EN EL OCÉANO PACÍFICO

NOTICIA REAL ■   *FAKE NEWS* ■

TITULAR 5

EXPULSADO DE IKEA POR CAGAR EN UN BAÑO DE MUESTRA

NOTICIA REAL ■   *FAKE NEWS* ■

TITULAR 6

UNA CANDIDATA DE C'S RENUNCIA TRAS LEER EL PROGRAMA Y CONSIDERARLO DE DERECHAS

NOTICIA REAL ■   *FAKE NEWS* ■

TITULAR 7

UN ESTUDIO DEMUESTRA QUE LA PÍLDORA ANTICONCEPTIVA HACE A LAS MUJERES MÁS FEAS Y GORDAS

NOTICIA REAL ■   *FAKE NEWS* ■

TITULAR 8

INTENTA COLAR A SU TORTUGA EN UN AVIÓN DISFRAZADA DE HAMBURGUESA

NOTICIA REAL ■   *FAKE NEWS* ■

TITULAR 9

YOKO ONO REVELA QUE TUVO UN *AFFAIRE* CON HILLARY CLINTON EN LOS AÑOS 70

NOTICIA REAL ■   *FAKE NEWS* ■

TITULAR 10

UN JUEZ PROHÍBE A UN PERRO LADRAR DE OCHO DE LA TARDE A OCHO DE LA MAÑANA

NOTICIA REAL ■   *FAKE NEWS* ■

WHAT THE FUCK, FAKE NEWS!

¿Lo tienes? ¿Quieres revisarlo? ¿Estás seguro?

Sigamos, pues.

Los cuatro primeros titulares se usaron para un estudio de la Universidad Complutense de Madrid sobre el impacto de las *fake news*.[3] Su conclusión fue la siguiente: el 86 % de los españoles tiene dificultades para distinguir entre *fake news* y noticias verdaderas. La investigación sometió a esta prueba a 2.000 personas: 1.720 fallaron, solo acertaron 280.

¿Y tú? ¿Crees que has acertado en todos los titulares?

La respuesta al juego es muy sencilla: los titulares pares son noticias reales y los impares, *fake news*.

Acabamos de jugar a descubrir noticias falsas, pero en verdad no son ningún juego. **Las *fake news* no se crean por diversión, sino para obtener un beneficio.** Y este puede que sea económico, político o ideológico.

3. «I Estudio sobre el Impacto de las Fake News en España», realizado por la empresa de estudios de mercado Simple Lógica y el grupo de investigación en Psicología del Testimonio de la Universidad Complutense de Madrid (UCM). Disponible en: <https://d3vjcwm65af87t.cloudfront.net/novacdn/EstudioPescanova.pdf>.

CAPÍTULO 3

LAS *FAKE NEWS* NO SON BROMA

Un domingo cualquiera de diciembre de 2016, Edward Welch, de veintiocho años, padre de dos hijos y bombero voluntario, salió de su casa en Carolina del Norte decidido a resolver por su cuenta lo que contaban las noticias.

Condujo su coche durante seiscientos kilómetros hasta Washington y entró en la pizzería Comet Ping Pong armado con un rifle de asalto AR-15, una pistola y veintinueve rondas de munición en plena hora punta.

Disparó tres veces al aire, por suerte sin alcanzar a nadie, y se dispuso a buscar pasadizos, cámaras subterráneas y señales satánicas. Estaba convencido de que ahí dentro había niños secuestrados y explotados sexualmente por una red de pederastia dirigida por el jefe de campaña de Hillary Clinton.

¿De dónde había sacado Edward Welch esta idea? De una noticia falsa salida de un rumor en Twitter a partir de la investigación que el FBI llevaba a cabo contra Hillary Clinton por el supuesto mal uso de su correo electrónico cuando era secretaria de Estado. El tuit decía: «Todo apunta a una red de pedofilia y Hillary Clinton está en el centro».

A partir de este bulo, la noticia falsa cogió cuerpo y se extendió por varios foros de Internet como 4chan y por webs como Reddit.[4] Y, ¡ta-chán!, saltó a la radio. La recogió el locutor radiofónico Alex Jones en su programa *Infowars*. «Cuando pienso en los niños que [Hillary] Clinton ha asesinado personalmente, troceándolos y violándolos, pierdo todo el miedo a enfrentarme a ella», dijo Jones en un vídeo colgado en YouTube y reproducido por casi medio millón de personas.

Según sus palabras, Hillary Clinton está claramente envuelta en una red de pedofilia y su jefe de campaña, John Podesta, tiene debilidad por los rituales satánicos.

Bien, ya tenemos a Hillary Clinton en medio de una red de pedofilia y asesinato. Pero ¿cómo puede ser que esta red operase desde una céntrica pizzería de Washington?

Quienes fabricaron la noticia falsa cogieron un correo de John Podesta divulgado por WikiLeaks en el que hablaba de un evento para recaudar fondos para Clinton en ese restaurante y lo transformaron en una inmensa red de violaciones a niños que luego se sacrificaban en honor de Satanás.

La noticia falsa estaba tan bien construida que incluso asesores del presidente (electo, en aquellos momentos) Donald Trump contribuyeron a difundirla. Fue el caso de Michael Flynn Jr., hijo del primer consejero de Seguridad Nacional de Trump y jefe de su gabinete. Quiso que nos creyéramos tanto la noticia que incluso cuando todo se reveló falso insistió con tuits como este:

---

4. Puedes leer cómo se construyó esta noticia falsa en este reportaje del *New York Times*: Aisch, G.; Huang, J., y Kang, C., «Dissecting the #PizzaGate Conspiracy Theories», *New York Times*, 10 de diciembre de 2016. Disponible en: <https://www.nytimes.com/interactive/2016/12/10/business/media/pizzagate.html>.

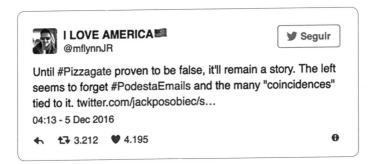

I LOVE AMERICA
@mflynnJR

Until #Pizzagate proven to be false, it'll remain a story. The left seems to forget #PodestaEmails and the many "coincidences" tied to it. twitter.com/jackposobiec/s…

04:13 - 5 Dec 2016

↩ t↗ 3.212 ♥ 4.195   ⓘ

Seguir

«Hasta que se demuestre que el *pizzagate* es falso, seguirá siendo una noticia. La izquierda parece olvidar los correos de Podesta y las muchas "coincidencias" que muestran.»

Ante la indignación que sus palabras despertaron, Flynn Jr. fue cesado del cargo de asesor del presidente electo por culpa de su fe en una noticia falsa.

En el final de toda esta historia del *pizzagate* como noticia falsa, nos encontramos con la detención por parte de la policía de Edward Welch, el ciudadano norteamericano que quiso ser un héroe e ir por su cuenta a destapar la perversa red de pedofilia satánica que Hillary Clinton escondía en los bajos fondos de una céntrica pizzería de Washington.

Al ser detenido, Edward dijo al *New York Times*: **«Quería hacer el bien, pero no salió bien»**. Fue juzgado seis meses después y, ante la corte judicial, pidió disculpas: «Siento todo lo que he causado». En la sentencia, la jueza federal Ketanji Brown Jackson dictaminó que, a pesar de que Edward Welch creía estar haciendo lo correcto, su buena intención «no excusa la conducta temeraria y el daño real» que desataron sus acciones. Fue condenado a cuatro años de prisión.

Y todo por creer en una noticia falsa.

Tras esta historia, ¿nos parecen las *fake news* una broma?

$50,000 REWARD.—WHO DESTROYED THE MAINE?—$50,000 REWARD.

EDITION FOR GREATER NEW YORK
NEW YORK JOURNAL
AND ADVERTISER.

NO. 5,672.   Copyright, 1898, by W. R. Hearst.—NEW YORK, THURSDAY, FEBRUARY 17, 1898.—14 PAGES.   PRICE ONE CENT In Greater New York.

DESTRUCTION OF THE WAR SHIP MAINE WAS THE WORK OF AN ENEMY.

$50,000!
$50,000 REWARD!
For the Detection of the Perpetrator of the Maine Outrage!

The New York Journal hereby offers a reward of $50,000 CASH for information FURNISHED TO IT EXCLUSIVELY, which shall lead to the detection and conviction of the person, persons or government responsible for the explosion that resulted in the destruction of the Battle Ship Maine and the loss of 258 lives of American sailors.

The $50,000 CASH offered for this story information to be deposit with Wells, Fargo & Co.

In case in burned, he by the Journal to have suspended anchor along and a few miserable dollars by setting off a gun, or the attacks of a political cabinet concern, planting, by way careful motion, to avenge this and burden on cripple annoying executive.

This offer has been realed in Europe and will be made public to many capital of the Continent and by London this morning.

The Journal believes that any man who can be bought to commit murder can also be bought to betray his assassins. FOR THE PERPETRATOR OF THIS OUTRAGE HAD ACCOMPLICES.

W. R. HEARST.

Assistant Secretary Roosevelt Convinced the Explosion of the War Ship Was Not an Accident.

The Journal Offers $50,000 Reward for the Conviction of the Criminals Who Sent 258 American Sailors to Their Death. Naval Officers Unanimous That the Ship Was Destroyed on Purpose.

$50,000!
$50,000 REWARD!
For the Detection of the Perpetrator of the Maine Outrage!

The New York Journal hereby offers a reward of $50,000 CASH for information FURNISHED TO IT EXCLUSIVELY, which shall lead to the detection and conviction of the person, persons or government responsible for the explosion that resulted in the destruction of the Battle Ship Maine and the loss of 258 lives of American sailors.

The $50,000 CASH offered for this story information to be deposit with Wells, Fargo & Co.

In case in burned, he by the Journal to have suspended anchor along and a few miserable dollars by setting off a gun, or the attacks of a political cabinet concern, planting by way careful motion, to avenge this and burden on cripple annoying executive.

This offer has been realed in Europe and will be made public to many capital of the Continent and by London this morning.

The Journal believes that any man who can be bought to commit murder can also be bought to betray his assassins. FOR THE PERPETRATOR OF THIS OUTRAGE HAD ACCOMPLICES.

W. R. HEARST.

NAVAL OFFICERS THINK THE MAINE WAS DESTROYED BY A SPANISH MINE.

George Eugene Bryson, the Journal's special correspondent at Havana, cables that it is the secret opinion of many Spaniards in the Cuban capital that the Maine was destroyed and 258 of her men killed by means of a submarine mine, or fixed torpedo. This is the opinion of several American naval authorities. The Spaniards, it is believed, arranged to have the Maine anchored over one of the harbor mines. Wires connected the mine with a powder magazine, and it is thought the explosion was caused by sending an electric current through the wire. If the wire be proven, the brutal nature of the Spaniards will be shown by the fact that they waged to spring the mine until after all the men had retired for the night. The Maine crew was in the positions where the mine may have been fired.

Hidden Mine or a Sunken Torpedo Believed to Have Been the Weapon Used Against the American Man-of-War—Officers and Men Tell Thrilling Stories of Being Blown Into the Air Amid a Mass of Shattered Steel and Exploding Shells—Survivors Brought to Key West Scout the Idea of Accident—Spanish Officials Protest Too Much—Our Cabinet Orders a Searching Inquiry—Journal Sends Divers to Havana to Report Upon the Condition of the Wreck.

Was the Vessel Anchored Over a Mine?
BY CAPTAIN E. L. ZALINSKI, U.S.A.
(Captain Zalinski is the inventor of the famous dynamite gun, which would be the principal factor in our coast defence in case of war.)

Assistant Secretary of the Navy Theodore Roosevelt says he is convinced that the destruction of the Maine in Havana Harbor was not an accident.

The Journal offers a reward of $50,000 for exclusive evidence that will convict the person, persons or Government criminally responsible for the destruction of the American battle ship and the death of 258 of its crew.

The suspicion that the Maine was deliberately blown up grows stronger every hour.   Not a single fact to the contrary has been produced.

Captain Sigsbee, of the Maine, and Consul-General Lee both urge that public opinion be suspended until they have completed their investigation. They are taking the course of tactful men who are convinced that there has been treachery.

Washington reports very late that Captain Sigsbee had feared some such event as a hidden mine.   The English cipher code was used all day yesterday by the naval officers in cabling instead of the usual American code.

CAPÍTULO 4

¿QUÉ SON LAS *FAKE NEWS*?

Hagamos un viaje al pasado.

Año 1898. No existe Internet, ni Facebook, ni Twitter, ni WhatsApp. Ni siquiera televisión ni radio. Tampoco hay móviles, y aunque el teléfono fijo ya se había inventado, todavía no se había popularizado.

El gran medio de comunicación son, pues, los periódicos. En este contexto, en Estados Unidos, dos grandes magnates de la prensa luchan por erigirse en los amos del llamado «cuarto poder». Son Joseph Pulitzer y William Randolph Hearst.

Cuba era entonces aún colonia española y sus gentes se dividían entre partidarios y detractores de la independencia. Había disputas, y desde los periódicos norteamericanos se informaba de lo que sucedía con mucho interés. Para Pulitzer y Hearst, el conflicto cubano-español era un filón para aumentar las ventas de sus periódicos.

En los diarios de Hearst, las crónicas hablaban de insurrecciones, de luchas encarnizadas e incluso de campos de concentración en los que las tropas españolas dejaban morir de hambre a los insurgentes cubanos. Eran crónicas ricas en morbo y en detalles que incluían hasta imágenes trucadas para dar credibilidad a las noticias.

Decidido a apostar por el conflicto en Cuba, Hearst mandó a uno de sus dibujantes a La Habana para que ilustrara con detalle las disputas. Cuando el dibujante llegó a Cuba, no se encontró con la situación bélica que su periódico, el *New York Journal*, titulaba día tras día.

Visto lo visto, el dibujante mandó un telegrama a Hearst informándolo de la calma que reinaba en la isla y pidiéndole permiso para regresar. Esta fue la respuesta de Hearst: «Yo hago las noticias. Tú haz los dibujos, que yo pondré la guerra».

Y eso hizo: inventó una guerra entre Estados Unidos y España que terminó siendo real y que desembocó en la independencia de Cuba. ¿Y cómo lo hizo? Con *fake news*.

Su gran noticia falsa fue la que culpaba a España de la explosión del acorazado norteamericano Maine en el puerto de La Habana. No era cierto y, de hecho, todas las investigaciones apuntaban a un incendio en las carboneras del barco como causa de la explosión. Pero Hearst tituló en su periódico: «La destrucción del acorazado Maine fue obra del enemigo. El barco de guerra Maine fue partido en dos por una arma secreta infernal» (ver pág. 32).

La noticia detallaba cómo los españoles habían atacado el barco con una mina submarina y lo ilustraba para darle veracidad.

La noticia falsa de Hearst fue republicada (lo que hoy en día sería retuitear o compartir en redes sociales) por todos los medios norteamericanos, que culparon a España. La noticia falsa agitó de tal manera la opinión pública que obligó al Gobierno norteamericano a actuar.

Con su noticia falsa, Hearst logró que Estados Unidos declarara la guerra a España y que esta acabara en agosto de ese mismo año con la pérdida española de Cuba.

Así pues, las *fake news* no son ni juegos ni bromas.

Puede que para ti una noticia falsa no sea más que un error del sistema informativo fruto de un mal ejercicio periodístico. Y no solo para ti, sino que así lo cree casi todo el mundo, según las conclusiones del estudio del Instituto Reuters para el Estudio del Periodismo en la Universidad de Oxford.[5]

Es normal que pensemos así: dirigentes como Donald Trump persiguen asociar las *fake news* con los medios tradicionales de difusión de noticias como si la cosa solo fuera con ellos. Pero no es del todo así. Las *fake news* son algo más que informaciones tendenciosas o manipuladas. Son mentiras.

Para la editora del *Diccionario Collins*, una noticia falsa es una «información falsa, a menudo sensacional, divulgada bajo la apariencia de cobertura de prensa».

De acuerdo, pero añadamos algo más: **las *fake news* son informaciones falsas diseñadas para hacerse pasar por noticias con el objetivo de difundir un engaño o una desinformación deliberada para obtener un fin político o financiero.**

Hearst solo quería vender más periódicos (objetivo financiero) y acabó llevando a su país a la guerra (objetivo político).

En 1898, Hearst proclamaba: «I make news».

En 2018, si viviera, Hearst declamaría: **«I fake news».**

---

5. Kleis Nielsen, R., y Graves, L., «"News you don't believe": Audience perspectives on fake news», Reuters Institute, octubre de 2017. Disponible en: <http://reutersinstitute. politics.ox.ac.uk/our-research/news-you-dont-believe-audience-perspectives-fake-news>.

CAPÍTULO 5

¿QUIÉN FABRICA LAS *FAKE NEWS*?

La respuesta es TÚ (si quieres) o un robot programado por ti.

Cualquiera de nosotros puede fabricar una noticia falsa de forma fácil y rápida. En Internet hay un montón de sitios que disponen de todas las herramientas para ello. Se anuncian con mensajes como «Crea tu broma» o «Crea tu noticia falsa y engaña a todo el mundo».

En Tus-Noticias.info, por ejemplo, incluyen los siguientes consejos y pasos para que TÚ puedas crear una noticia falsa:

> **¡*TIPS* PARA TUS BROMAS!**
>
> Las noticias de artistas, televisión y fútbol hacen que la gente sea curiosa y caiga en la broma.
>
> Debes ser creativo y hacer que tu broma parezca muy real.
>
> ☞ **Imagen falsa:** Elige una de las imágenes disponibles o busca una imagen en Google y copia la URL.
>
> ☞ **Título falso:** Elige un título llamativo para tu broma. Cuanto más curioso sea el título, más chances tendrás de que caigan en la broma.
>
> ☞ **Descripción:** Escribe un poco sobre la broma. Es otra oportunidad para que llames la atención de los curiosos.

La verdad es que parece fácil: **un tema atractivo, una fotografía, un titular impactante y un poco de texto para darle apariencia informativa. Con esto basta para fabricar tu noticia falsa.**

Un chaval de diecinueve años de Macedonia reconoció en un reportaje de la BBC ser autor de algunas de las *fake news* que circularon durante la campaña electoral norteamericana de 2016 entre Hillary Clinton y Donald Trump.

La periodista Emma Jane Kirby habló con él para un reportaje de la *BBC News*.[6] El joven explicaba así cómo empezó a crear *fake news*: «Primero, copiando y publicando noticias sensacionalistas sacadas de sitios web estadounidenses derechistas. Luego de copiar y pegar varios artículos, los adorné con un título sugerente y llamativo, pagué una campaña en Facebook para hacerlos llegar a una audiencia hambrienta de noticias sobre Trump y, cuando ese público comenzó a hacer clic en las historias y a compartirlas, empecé a ganar dinero de los ingresos publicitarios en la web».

Copiar, pegar, impactar. ¿Ves qué fácil es fabricar una noticia falsa?

También pueden fabricarlas robots de inteligencia artificial: «roboperiodistas». Ya los hay ejerciendo en agencias de noticias como Associated Press, por ejemplo. De momento hacen tareas periodísticas que requieren analizar grandes cantidades de datos tales como informes financieros o deportivos.

Pero ¿qué pasará en el futuro? La consultora Gartner advierte en su informe de predicciones tecnológicas para los próximos años que **la «inteligencia artificial está demostrando ser muy eficaz en la**

---

6. Kirby, E. J., «La ciudad europea que hizo una fortuna a base de crear noticias falsas sobre las elecciones de Estados Unidos», *BBC Mundo*, 6 de diciembre de 2016. Disponible en: <http://www.bbc.com/mundo/noticias-38222222>.

creación de nueva información y en la distorsión de datos para crear información falsa».

Ahora bien, detrás de todo roboperiodista hay un ser humano encargado de programar la máquina con el fin de que esa capacidad tecnológica de análisis de datos sirva para escribir una historia noticiosa. De esta persona y de la programación que decida dependerá, pues, si la noticia que construya el roboperiodista es o no una noticia falsa.

Así que volvemos al principio: solo tú eres el único capaz de fabricar una noticia falsa, tú y todos nosotros. Otra cosa es que para ello nos sirvamos de roboperiodistas o de *bots* (cuentas falsas en redes sociales) para facilitar su viralización.

CAPÍTULO 6

LAS *FAKE NEWS* SIEMPRE TIENEN PRISA, ¿Y TÚ?

Hyperloop es un proyecto para viajar superveloces a través de tubos al vacío. Para hacernos una idea, podríamos viajar de Madrid a Barcelona en tan solo 40 minutos. Y sin volar. Sería un gran avance teniendo en cuenta que en 2018 el tren más rápido tarda 150 minutos en recorrer la distancia entre estas dos ciudades. Algunos aplaudirán la idea, pero a otros les parecerá insuficiente y seguirán pensando que no vamos todo lo veloces que deberíamos.

Las noticias ya han vivido su *hyperloop*. Han pasado de ser consumidas de día en día en los periódicos a hacerlo de hora en hora en la radio y ahora minuto a minuto, segundo a segundo, en Internet.

Sin duda, **vivimos tiempos inmediatos. Y en esta época, en el mundo de la información, importa más ser los primeros que los más certeros.** Y las redes sociales nos empujan a ello, y parece que nos lo ponen muy fácil.

En este hábitat germinan fantásticamente las *fake news*. A ellas les va de maravilla que todo vaya deprisa porque su objetivo es viralizarse antes de que alguien dé la alerta y destape el bulo.

Las *fake news* saben cómo nos informamos por Internet. En realidad, solo leemos titulares y basándonos en ellos decidimos si una noticia nos interesa o no. Y cuando una de estas noticias nos indigna, nos conmueve, nos reafirma en nuestra opinión o nos da miedo, nuestro impulso se acelera y la compartimos sin pararnos ni un segundo a reflexionar.

Veamos ahora lo que hizo una vez un subcampeón mundial de ajedrez. Todos sabemos que el ajedrez es un deporte reflexivo y psicológico que se juega en un tablero contra un adversario y un tiempo limitado. Por regla general, los jugadores no gastan mucho tiempo en sus primeros movimientos y lo reservan para los más decisivos una vez entrada la partida.

Pues bien, una vez, a mediados del siglo xx, David Bronstein, un ajedrecista ruso muy creativo que estuvo a punto de ser campeón del mundo en 1951, disputaba una partida contra Isaak Boleslavski. Bronstein jugaba con blancas y le tocaba hacer el primer movimiento de la partida.

Tardó en hacerlo ni más ni menos que 40 minutos, para desesperación de su rival. Al ser preguntado tras la partida por su tardanza, respondió: «Hasta que no logré recordar dónde había dejado las llaves de mi casa no pude tener la concentración necesaria para mover mi peón de rey».

Bronstein se tomó todo el tiempo del mundo para empezar su partida sin temor a perder un tiempo que podría antojarse de oro. Ganara o no al final su partida, Bronstein nos muestra **cómo actuar ante una información dudosa o no contrastada suficientemente: lo último**

que hay que hacer es correr. Lo dicen los manuales del periodismo desde sus orígenes. Pero, lo sé, vivimos tiempos inmediatos y no todos somos periodistas.

Una vez, al actor Denzel Washington una periodista le preguntó acerca de las *fake news* y este fue el diálogo que mantuvieron:

—¿Qué hay de las *fake news*? Fuiste objeto de ellas —preguntó la periodista.

—Oh, ¿sí? ¿Qué dijeron? ¿Que me presento a presidente? ¿No? ¿Qué dijeron?

—Que apoyabas la candidatura de Trump. ¿Cómo lidias con ello, con las *fake news*?

—Si no lees los periódicos, no estás informado. Y si lees los periódicos, estás mal informado —respondió Denzel Washington.

—¿Y qué podemos hacer? —le planteó la periodista.

—Es una buena pregunta. **¿Cuál es el efecto de tener demasiada información? Uno de los efectos es la necesidad de ser el primero, aunque no sea verdad.** Entonces ¿cuál es la responsabilidad que todos los periodistas tenéis? Contar la verdad. No solo ser los primeros, sino contar la verdad. En nuestra sociedad, ahora todo es cuestión de ser el primero. «A quién le importa, ¡sácalo!» No nos importa quién sale herido, ni a quién destruimos, no nos importa si es verdad. Solo dilo, véndelo —sentenció el actor norteamericano.

Denzel Washington alerta sobre la rapidez con la que corre hoy en día la información y pide reflexionar al respecto.

Lo cierto es que, si hiciéramos como Bronstein y nos tomáramos un tiempo antes de retuitear o difundir rápidamente una noticia, nos convertiríamos en uno de los cortafuegos más efectivos contra las *fake news*.

CAPÍTULO 7

LO VEO, LO CREO.
AUNQUE SEA *FAKE*

«Una imagen vale más que mil palabras.»

Pues resulta que es cierto. Procesamos las imágenes seiscientas veces más rápido que los textos y **recordamos el 80 % de lo que vemos frente al 20 % de lo que leemos.** Además, nos impulsa y conmueve mucho más rápido una imagen que un texto o una explicación abstracta. Lo explica Eduard Punset en uno de sus libros sobre la mente humana: «Poner imágenes a un concepto abstracto en el cerebro surte un efecto inmediato. No visualizamos fácilmente el hambre en abstracto en Ghana, pero, en cambio, la imagen de alguien herido en la carretera activa reacciones de solidaridad inmediatas».

Quienes fabrican *fake news* lo saben y lo explotan al máximo, porque una imagen lo tiene todo: se entiende rápidamente, es golosa y nos hace ser impulsivos.

¡Clic! El poder de la imagen logra que la emoción se anteponga a la razón.

Veamos tres ejemplos:

En julio de 2017, Donald Trump visitó oficialmente Francia. El jueves 13, el presidente francés Emmanuel Macron y su esposa Brigitte cenaron con el matrimonio Trump en el restaurante de la Torre Eiffel.

La agencia de noticias AFP (Agence France Press) fotografió el momento. Acto seguido, un usuario de Twitter colgó una de las fotografías junto a este mensaje:

«La foto que desencadenará la Tercera Guerra Mundial», dice el tuit. Y en la imagen se aprecia cómo Melania Trump posa su mano sobre el regazo de Emmanuel Macron, acto que provoca en él una cara de incredulidad.

En pocos días, el mensaje alcanzó casi cincuenta mil retuits y más de seiscientos comentarios. Increíble, ¿no?

Evidentemente, la fotografía estaba retocada. La original de AFP era esta:

La noticia falsa corrió gracias al poder de la imagen.

Otro ejemplo: en mayo de 2017, Ariana Grande actuó en Manchester. A la salida de su concierto, en una de las puertas exteriores del Manchester Arena, un terrorista del Estado Islámico se inmoló y provocó más de veinte muertos.

Al cabo de pocas horas del atentado empezó a circular una imagen de Ariana Grande con la noticia de que la cantante había resultado herida.

La fotografía sin duda era real y Ariana Grande aparecía herida. El poder de la imagen surtió efecto y la noticia se viralizó rápidamente, aunque no era verdad. La foto existía, no era un montaje, pero estaba sacada de contexto:

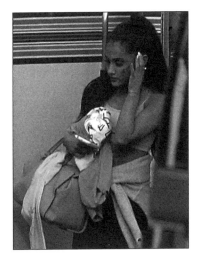

En verdad, había sido tomada durante el rodaje del programa *Scream Queens* de la televisión norteamericana en 2015. Y Ariana no estaba herida, simplemente iba maquillada para que así lo pareciera en el *show* televisivo.

La fotografía era real, pero estaba descontextualizada y ubicada en el marco del atentado para fabricar una noticia falsa en toda regla.

Tercer ejemplo: a principios de septiembre de 2017, el huracán Irma causó enormes destrozos y más de cuarenta muertos a su paso por las islas del Caribe y Florida. El 5 de septiembre, H. M. D. publicó en su página de Facebook un vídeo con imágenes de la llegada del huracán a la isla de Barbuda.

En el vídeo se ve en una esquina una sucursal del Banco Bilbao Vizcaya (BBVA) y cómo el viento huracanado arranca árboles de cuajo. Junto al vídeo, el usuario añadió este comentario: «El huracán Irma entrando en la isla de Barbuda». Por supuesto, se viralizó rápidamente. En tan solo dos días fue visto por más de veintiocho millones de personas y compartido por casi ochocientos mil usuarios en Facebook.

Las imágenes estaban clarísimas: un viento huracanado arrasaba con todo a su paso. Pero, sin embargo, era *fake*: ni el huracán de las imágenes era el Irma ni el lugar en el que impacta era la isla de Barbuda. Dos simples comprobaciones destapaban la noticia falsa: el 5 de septiembre, día en que se difundieron las imágenes, el huracán Irma todavía no había impactado en la isla de Barbuda y, además, el BBVA no dispone de ninguna oficina en Barbuda.

En realidad, el vídeo había sido grabado y publicado en YouTube en mayo de 2016 y las imágenes correspondían a la llegada de un tornado a Uruguay, concretamente a la ciudad de Dolores.

Otro usuario de Facebook fue incluso más allá. C. T. llegó a publicar un vídeo con el mensaje: «Imágenes en vivo del huracán Irma». Seis millones de personas lo vieron y más de ciento cincuenta mil lo compartieron. Sin embargo, las imágenes no eran en vivo, sino que resultaron ser un bucle de tres minutos de retransmisión del impacto del ciclón Vardah en el sur de la India en diciembre de 2016. Todo era *fake*, pero el poder de las imágenes logró su viralización.

Está claro: **el poder de la imagen y la rapidez de circulación de las redes sociales facilitan las *fake news.***

CAPÍTULO 8

LAS *FAKE NEWS* SON INTERESADAS, NO INTERESANTES

No hay nada más interesado y menos interesante que una noticia falsa.

Los creadores de *fake news* son personas interesadas que inventan de forma consciente una información falsa a la que confieren una apariencia periodística para lograr un objetivo concreto a través de su propagación.

¿Y qué intereses tienen los creadores de *fake news*? Básicamente, estos dos:

1. INTERESES ECONÓMICOS

Buscan lucrarse y les da lo mismo el daño que su noticia falsa ocasione en la sociedad.

The National Report es uno de los sitios más famosos de *fake news* en Internet. Su diseño está copiado del *Huffington Post* y pretende dar el pego como un sitio fiable de noticias.

Se promociona como «la primera fuente de noticias independientes de Estados Unidos», y suya fue la noticia falsa que aseguraba que la ciudad de Purdo, en Texas, se había puesto en cuarentena por un brote de ébola, algo que nunca pasó.

Su fundador (cuyo nombre se desconoce, lógicamente) afirma que han llegado a ganar hasta 10.000 dólares con una noticia falsa, algo que no sorprende teniendo en cuenta que **crear noticias falsas es mucho más barato que producir noticias de verdad.**

Así que el objetivo de *The National Report*, y de muchos otros más, no es otro que crear *fake news* y lograr que la gente haga clic y las viralice. Y al diablo la verdad si la mentira es tan buen negocio.

2. INTERESES IDEOLÓGICOS

Pretenden manipular la opinión de la gente con *fake news* que refuerzan sus opiniones preconcebidas con la intención de enfocar nuestro pensamiento y acción en una u otra dirección. Después de la victoria del *Brexit* y de Trump, los países democráticos temen estas *fake news* cuando celebran elecciones.

En la campaña electoral norteamericana de 2016 entre Hillary Clinton y Donald Trump circuló la noticia de que el papa Francisco apoyaba a Trump. No era verdad. Y, sin embargo, fue la noticia falsa que tuvo mayor número de interacciones en Facebook, cerca de un millón, durante el ciclo electoral norteamericano.

El propio Papa desmintió la noticia en una entrevista al semanario belga *Tertio* con estas palabras: «La desinformación probablemente es el daño más grande que los medios pueden hacer, porque la opinión está dirigida en una dirección, desatendiendo la otra parte de la verdad».

¿Quién fabricó esta noticia falsa? No tenemos su nombre, pero sin duda fue alguien consciente de la falsedad de la noticia e interesado en obtener de ella un beneficio partidista: quería que los católicos vieran a Trump como su candidato porque contaba con el apoyo del Papa. Era mentira, lo sabía, pero ¡qué más da!

Ya vemos que **las *fake news* son muy interesadas, pero ¿son interesantes? En esencia, creo que a nadie le interesan las mentiras.** De hecho, dudo que ninguno de nosotros comprara el periódico que vendía el niño del comienzo del libro al grito de «¡Extra, extra, *fake news*, mentiras, mentiras!».

Sin embargo, **«es más fácil engañar a la gente que convencerla de que ha sido engañada».** Esta frase se atribuye a Mark Twain y se dijo antes de que existieran las *fake news*. Dicha ahora explica perfectamente por qué vivimos un *boom* de noticias falsas.

CAPÍTULO 9

LAS *FAKE NEWS* SON UN NEGOCIO

Carlos Merlo es dueño de Victory Lab, una empresa de México que ofrece crear *fake news* y otros servicios para redes sociales. Asegura que puede llegar a cobrar diecinueve millones de pesos, unos 900.000 euros, al mes por crear tendencias y difundir noticias falsas, y explica que crear sitios de *fake news* es un buen negocio porque no pueden ser fiscalizados.

Y da el siguiente ejemplo: en Twitter se puede pagar para crear una tendencia, pero las autoridades pueden exigir a la red social que revele quién anda detrás de eso. Con una noticia falsa, en cambio, se puede generar polémica y subir un *trending topic* gratis, sin invertir ni un solo peso o euro y sin temer por las consecuencias.

En Veles, ciudad de Macedonia de apenas 55.000 habitantes, un chico joven llegó a ganar cuatro mil dólares al mes difundiendo *fake news* a favor de Trump. Lo reveló el periodista indio Samanth Subramanian. Cuando le preguntó al chaval macedonio si era pro-Trump, este contestó: «Me da igual si gana o pierde Trump, lo único que quiero es ganar dinero».

Siguiendo la estela macedonia, el diario británico *The Guardian* descubrió que solo en la ciudad de Veles había más de cien sitios web que difundían *fake news* a favor de Trump, con nombres como <DonaldTrumpnews.co> o <USConservativeToday.com>, todos ellos sitios falsos y todos creados para ganar dinero. Muchas de las *fake news* creadas en Veles por jóvenes macedonios llegaron a ser compartidas hasta treinta millones de veces.

En otro reportaje, en este caso de la *BBC News*, se afirma que en Veles «uno de cada tres estudiantes de los últimos años de secundaria admite conocer a alguien implicado en la fabricación de sitios web de *fake news* o incluso estar gestionando uno propio».

La periodista Emma Jane Kirby, de la *BBC News*, preguntó a un chaval que reconocía fabricar *fake news* pro-Trump la opinión de su madre al respecto. Esta fue su respuesta: «¿Crees que si tu hijo ganara 30.000 euros al mes tendrías algún problema? ¡Por favor! Estarías rebosante de alegría».

En Estados Unidos, más de medio millón de personas compartieron en Facebook la siguiente noticia en plena campaña electoral de 2016:

FBI Agent Suspected in Hillary Email Leaks Found Dead in Apparent Murder-Suicide

An FBI agent believed to be responsible for the latest email leaks was found dead in an apparent murder-suicide early Saturday morning, according to police.

DENVERGUARDIAN.COM

«Un agente del FBI sospechoso de difundir correos secretos de Hillary Clinton encontrado muerto en un aparente asesinato-suicidio.» Era una noticia falsa creada por Jestin Coler, un demócrata declarado de cuarenta años que vive en California. Solo con esta *fake news*, Coler ganó ocho mil dólares, según dijo en una entrevista a la NBC.[7]

Adivinemos, ¿quién dijo la siguiente frase?

«LOS NEGOCIOS SON MI FORMA DE HACER ARTE.»

Donald Trump.

E intuyo que ahora también incluirá el arte de fabricar *fake news*.

Por último, Groucho Marx dijo: «Hay tantas cosas más importantes que el dinero. Pero ¡cuestan tanto!». Por ejemplo, la verdad.

---

7. Disponible en: <https://www.youtube.com/watch?v=XoLHF3Z9eMg>.

CAPÍTULO 10

¿QUIÉN DIFUNDE LAS *FAKE NEWS*?

La respuesta es simple: NOSOTROS.

En junio de 2017 en España saltó esta noticia:

«Expulsado de Ikea por cagar en un baño de muestra»

En unas horas la vieron en Facebook 46.000 personas. ¿Quién la difundió? Uno de nosotros. ¿Quién la compartió? Al menos 45.999 de todos nosotros. Evidentemente, era una noticia falsa.

Un estudio de la Universidad Complutense de Madrid[8] afirma que el 90 % de los españoles ha compartido una noticia falsa. La mayoría dice hacerlo por diversión o porque cree que no causa ningún daño. Un 7 % lo hace por interés económico, político o publicitario y un 3,5 % para causar algún daño a alguien.

Somos así. Reconozcámoslo y asumámoslo.

---

8. «I Estudio sobre el Impacto de las Fake News en España», *op. cit.*

Aparte de nosotros, ¿hay alguien más difundiendo *fake news*?

Pues sí: programas informáticos que imitan el comportamiento humano y comparten contenidos en las redes sociales. Se llaman *bots* y se calcula que comparten de forma automática el 20 % de las *fake news*. Una investigación conjunta de las universidades del sur de California e Indiana, en Estados Unidos, revela que en Twitter hay un total de cuarenta y ocho millones de usuarios que son en realidad *bots* en lugar de personas.[9] O sea, que **solo en Twitter hay tantos *bots* como habitantes tiene España.**

Son máquinas, es cierto, pero programadas y manipuladas por alguien a tal efecto. Concretamente, por empresas, partidos, *lobbies*, grupos ideológicos determinados o por personas que buscan lucrarse o manipular a la opinión pública difundiendo *fake news*.

La cadena de televisión Univisión emitió un reportaje sobre el negocio de las *fake news* en México y habló con Carlos Merlo, dueño de Victory Lab, la empresa que crea sitios de *fake news* entre otros servicios para redes sociales. Este asegura que ha llegado a tener hasta diez millones de *bots* a su disposición.

¿Y quiénes los operan? Chavales jóvenes, *millennials*. «No es difícil convencer a jóvenes para que trabajen sembrando información», afirma Merlo. El alto desempleo que sufren y la falta de oportunidad los empuja a buscar este tipo de empleos.

Una aclaración: cuando Merlo dice que los jóvenes trabajan sembrando información, evidentemente, se refiere a que trabajan sembrando *fake news*.

---

9. Varol, O., Ferrara, E., Davis, C. A., Menczer, F., y Flammini, A., «Online Human-Bot Interactions: Detection, Estimation, and Characterization», arXiv: 1703.03107, 2017. Disponible en: <https://arxiv.org/pdf/1703.03107.pdf>.

CAPÍTULO 11

COCINANDO *FAKE NEWS*: INGREDIENTES, PLATOS ESTRELLA Y UNA FÓRMULA MÁGICA

Las *fake news* son invenciones o falsedades creadas para desinformar. La directora de investigación y estrategia de la web First Draft News, Claire Wardle, define siete tipos de desinformación:

1. **Las noticias parodia.** Son los titulares humorísticos que se inventan para divertir sin intención de causar daño alguno.

2. **Las noticias engañosas.** Son noticias que informan de modo que parezcan algo que no es con el objetivo de acusar o incriminar a alguien.

3. Las noticias impostoras. O sea, las que dicen que alguien ha dicho algo y es mentira.

4. Las noticias fabricadas. Son las que inventan falacias puras y duras con el objetivo de engañar y perjudicar a alguien.

5. Las noticias falsamente conectadas. Son aquellas que establecen conexiones falsas entre distintos hechos cuando en realidad no existe nada que lo confirme.

6. Las noticias con contexto falso. Son todas las informaciones que se sacan de su contexto con el objetivo de crear nuevas y falsas noticias.

7. Las noticias manipuladas. Son las que abiertamente tergiversan la información y hasta retocan fotografías para crear falsedades.

Estos siete tipos de desinformación son los ingredientes ideales para cocinar *fake news*. Con ellos se pueden cocinar miles de *fake news*, aunque estos son los tres platos estrella:

1. LAS *FAKE NEWS* DE HUMOR

«Hacienda añade a última hora la casilla de Cristiano Ronaldo en la renta», «Fernando Alonso escuchaba *Despacito* mientras corría en las 500 millas de Indianápolis», «Marine Le Pen publicará el libro *Mi ducha*», «Los atletas no dopados se considerarán paralímpicos», «Detienen a Spiderman por estar colgado vistiendo un burkini en un edificio público», «Neonazi se pega a sí mismo al descubrir que es de Murcia», «Mariano Rajoy se tatúa en el cuerpo el mapa de la cárcel de Soto del Real». **Ja, ja y ja.** Portales como *The Onion*, *The Daily Currant*, *El Mundo Today*, *Mongolia* o *El Jueves* tienen multitud de ejemplos de brillantes ejercicios humorísticos de inventar noticias.

2. LAS *FAKE NEWS* IDEOLÓGICAS

Son noticias que manipulan la verdad para fijarnos un marco mental alternativo más afín a nuestras creencias que a la realidad. En el Reino Unido, en plena campaña del referéndum sobre el *Brexit*, el periódico *The Sun* publicó la siguiente portada:

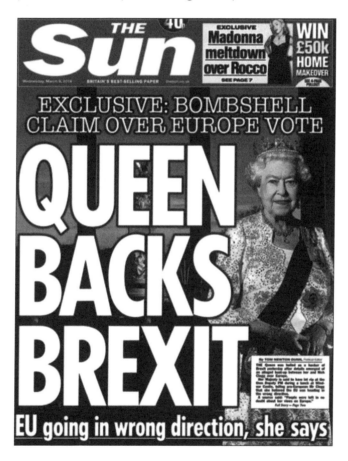

«La reina apoya el *Brexit*.» ¡Toma exclusiva! El único problema es que no era verdad. Era una noticia falsa en toda regla que rápidamente desmintió el Palacio de Buckingham.

3. LAS *FAKE NEWS* EMOCIONALES

Buscan conmovernos, indignarnos o atemorizarnos. Son las tres trampas más infalibles para que piquemos y corramos a compartirlas.

El 3 de junio de 2017 se produjo un atentado terrorista en Londres. Tres yihadistas arrollaron a peatones en un céntrico puente de la capital británica y apuñalaron a varias personas en un mercado gastronómico cercano antes de caer abatidos por la policía. Murieron ocho personas, entre ellas, el español Ignacio Echevarría.

El día en que su cadáver llegó a España, miles de personas compartieron en WhatsApp y en Facebook una carta «en agradecimiento y homenaje a un héroe español» escrita por Arturo Pérez Reverte. La carta aprovechaba la muerte de Echevarría para atacar con dureza la ley de Memoria Histórica:

> Tu nobleza y tu sacrificio han puesto de manifiesto que todavía hay españoles dignos de ese nombre y que la «memoria histórica» no es esa pestilente charca de bilis con la que una piara de resentidos intenta borrar sus crímenes, derrotas y complejos. La verdadera memoria histórica es la voz de la sangre guerrera de un pueblo que forjó su identidad a lo largo de ocho siglos de lucha contra el invasor musulmán.

La carta emocionó a unos e indignó a otros. Y se viralizó. Algunas personas dudaron de la autoría de la carta y se lo preguntaron directamente en Twitter a Arturo Pérez Reverte. Y él negó rotundamente ser su autor:

Hemos visto los ingredientes y los platos estrella de la cocina de las *fake news*. Ahora vamos con la fórmula mágica:

$$IP \times A + IT \times DF + RA = FKN$$

[IMPACTO x AMBIGÜEDAD + INTERÉS x DIFUSIÓN + RAPIDEZ = *FAKE NEWS*]

Expliquémosla por partes:

Para que una noticia falsa funcione necesitamos un buen impacto. Cuanto más impacte la información que inventemos, mejor.

Después vienen los datos, que son los que construyen la noticia. Para que la noticia falsa cuele, conviene crear un relato informativo que parezca creíble, pero, ¡ojo!, sin dar muchos datos que puedan desmontarlo fácilmente en una rápida verificación. Cuanto más ambiguos seamos en el texto de nuestra noticia falsa, mejor.

Ya tenemos la primera parte de nuestra ecuación: impacto por ambigüedad. Vamos con la segunda:

Toda noticia falsa parte de un interés. Ya lo hemos visto.

Salvo las humorísticas, las *fake news* no son bromas, sino noticias intencionadas en busca de un beneficio. Y para que nuestra noticia falsa alcance su objetivo ideológico o económico necesitamos que se propague como la pólvora.

Y cuanto más rápida sea su difusión, menos probabilidades tendremos de que alguien nos cace la mentira a tiempo.

Ya tenemos, pues, la segunda parte de la ecuación: interés por difusión más rapidez.

Ahora solo nos queda sumar las dos partes de la ecuación y ya tenemos en nuestras manos la fórmula mágica para crear y entender el éxito de las *fake news*.

CAPÍTULO 12

LAS *FAKE NEWS* SON CARAMELOS ENVENENADOS

Los Yes Men fueron un dúo de activistas que quería denunciar el juego de intereses políticos y económicos de las grandes multinacionales. Para lograrlo, Andy Bichlbaum y Mike Bonanno decidieron que lo mejor era convertirse en representantes *fake* de las propias empresas y corporaciones.

Su primer paso fue crear una web *fake* idéntica en apariencia a la de las multinacionales que tenían en su punto de mira y esperar a que alguien picara y los invitara a participar en foros, conferencias y programas de televisión. Y picaron.

Una vez lograron suplantar a la Organización Mundial del Comercio (OMC) y a McDonald's. Uno se vistió de trabajador de la cadena de hamburguesas y otro como si fuera un destacado representante de la OMC y se presentaron en una universidad. Al llegar repartieron hamburguesas de McDonald's a todos los asistentes, que se las comieron gustosamente durante la charla.

Acto seguido, como representantes *fake* de la OMC y de McDonald's, explicaron a los presentes cómo habían desarrollado una iniciativa para acabar con el hambre en el tercer mundo. Contaron que habían detectado un 20 % de nutrientes en las heces humanas y cómo habían logrado un sistema para extraerlos, reciclarlos y hacer con los nutrientes de la caca nuevas hamburguesas que venderían en los McDonald's de los países en vías de desarrollo.

Jugosas hamburguesas hechas de nutrientes sacados de heces humanas para los hambrientos del tercer mundo. La reacción de los asistentes fue de un cabreo tal que merece la pena verlo en el documental sobre ellos que se hizo en 2003.[10]

Con las *fake news* ocurre lo mismo: parecen muy jugosas y apetecibles, pero en verdad son caca envuelta. O, dicho de otra manera, en apariencia son golosos caramelos irresistibles a nuestros ojos, pero en realidad están rellenos de veneno.

A Blancanieves la salvó del veneno el beso de un príncipe. ¿Hay algún príncipe disponible en la sala que pueda librarnos del encantamiento de las *fake news*?

Solo uno: nosotros mismos, si queremos. Aunque nos costará lo nuestro.

10. Disponible en: <https://www.youtube.com/watch?v=FXnz3WjJHFA>.

2
¡PELIGRO!
FAKE NEWS

CAPÍTULO 13

¿PICAN? CONTIGO UN MILLÓN, GILIPOLLAS

Seis de cada diez españoles creemos que no picaremos ante una noticia falsa. Pero una cosa es lo que nos creemos y otra lo que somos. En verdad, picamos más de lo que pensamos.

Estas son las tres piezas claves que tienen las *fake news* para que piquemos:

1. UN TITULAR IMPACTANTE

«Obviamente, el titular es clave. La gente deja de leer después del titular y los dos primeros párrafos, así que si estos suenan como noticias legítimas, puedes hacer lo que quieras con el final de la historia, hasta volverla ridícula», lo dice Allen Montgomery, nombre inventado de uno de los responsables del portal de *fake news* *The National Report* en un reportaje de la BBC.[11]

---

11. «Por qué darte noticias falsas es buen negocio», *BBC Mundo*, 13 de noviembre de 2016. Disponible en: <http://www.bbc.com/mundo/noticias-37910450>.

2. UNA REVELACIÓN QUE NOS REAFIRMA O NOS INDIGNA

«Esto ya lo decía yo» o «Esto no puede ser» son las dos reacciones que persiguen las *fake news* para que piquemos. De hecho, las *fake news* más efectivas son las que apelan directamente a lo que ya pensamos para que nos demos la razón o nos indignemos. Sea cual sea nuestra reacción, nos descubriremos impulsados a compartir la noticia para buscar apoyo en nuestro grupo social.

Jestin Coler, creador de Denver Guardian y fabricante de *fake news* para *The National Report*, explica que para crear con éxito una noticia falsa no hace falta inventar una historia que sea la bomba. Basta con buscar un sesgo de confirmación, es decir, basta con inventar una información que encaje en la mentalidad que la gente ya tiene prefijada.

«Cuando se trata de cosas falsas, uno realmente quiere que sea carne roja –dice el fundador de *The National Report* y otros medios de comunicación falsos, conocido con el seudónimo de Allen Montgomery–. No tiene que ser ofensivo. No tiene por qué ser escandaloso. No tiene que ser otra cosa que simplemente darles lo que ya quieren escuchar.»

3. UNA APARIENCIA LEGÍTIMA Y CONFIABLE

Forma parte de la fórmula: la noticia falsa debe enmarcarse dentro de un medio, web o fuente que la haga ver lo más legítima posible. La información es falsa, pero no lo parece. Hay trampa, pero no la intuyo, como los trucos de un mago o el trampantojo de un cocinero.

Ya hay medios satíricos y humorísticos en Internet que inventan titulares para que nos riamos con ellos. No se esconden; al contrario, se vanaglorian de sus chistes.

Las *fake news,* en cambio, no son ninguna broma y, por tanto, buscan una apariencia que les permita engañarnos.

CAPÍTULO 14

¡QUÉ MIEDO! ¡QUÉ FUERTE! ¿QUÉ *FAKE*?

El 1 de junio de 2017 se viralizó la siguiente noticia:

«Se encuentran 9 pequeños sin vida en las costas de Acapulco... Cuiden a sus hijos de estos malditos»

La noticia arrancaba así: «Los cuerpos tienen fuertes golpes en la cara y en sus extremidades, que son signos de que primero fueron maltratados hasta la muerte y posteriormente arrojados al mar». Y se ilustraba con esta foto:

La noticia era falsa y la fotografía estaba descontextualizada. En verdad correspondía a una *performance* que los periodistas Sara Cantos y José Sánchez Hachero hicieron el 6 de junio de 2016 en la playa de Santa María del Mar, en Cádiz, para denunciar la tragedia de los refugiados que mueren al cruzar el Mediterráneo.

Pero lo más llamativo de todo es la apelación al miedo y a la indignación que la noticia hace de principio a fin. Desde el propio titular, «Cuiden a sus hijos de estos malditos», hasta el final del texto. De hecho, la noticia terminaba así: «Si su indignación es sincera, comparta esta información».

Sin duda, **la indignación y el miedo son grandes motores para viralizar *fake news.***

Veamos otro ejemplo: a finales de mayo de 2017 empieza a circular en redes un mensaje en Facebook que decía:

> La Policía dice que si ves un perro encerrado en un coche en caso de fuerte calor hagas una foto del perro y del coche y luego rompe la ventana. De esta manera no serás acusado de daños criminales y la Policía tendrá pruebas para llevar a los propietarios de esos perros a los tribunales. La acción de la rotura de la ventana para salvar a un animal se considera legítima en base al art. 54 del Código Penal, que, en estos casos, reconoce el estado de necesidad. ¿Podríais copiar y pegar esta información para impedir esta crueldad? ¡El verano está llegando!

El mensaje se viralizó rápidamente porque indignaba tanto a los defensores de los animales como a los más legalistas, que discutían acerca de la acción de romper la ventana de un coche. Además, el mensaje también apelaba al miedo, al peligro que corría la vida de un animal sometido a temperaturas extremas atrapado en el interior de un coche, y nos obligaba a tomar partido en la situación.

En realidad, la Policía no había dicho nada y el mensaje resultó ser una noticia falsa. La propia Policía Nacional lo desmintió en Twitter:

Otro ejemplo sucedió en 2017, durante la campaña del referéndum del *Brexit* británico de la Unión Europea. En las semanas previas a la votación circularon muchas *fake news* para influir en la decisión de los ciudadanos. Muchas de ellas apelaban directamente a la indignación. Veamos este titular sobre el entonces todavía primer ministro británico:

«David Cameron no respetará el resultado del referéndum si gana el sí, según ha declarado a los clientes de un supermercado»

La noticia fue vista por 400.000 personas a las que no les extrañó en absoluto que Cameron hiciera tal revelación en la cola del supermercado. La gente que vio la noticia la creyó porque le indignaba, decía: «¡Sabía que haría eso!». Apenas leyeron el titular y el primer párrafo y la compartieron sin reflexionar. Pero todo lo que contaba la noticia era *fake*.

Acabamos con otra noticia falsa que nos lleva a la indignación, pero en este caso mucho más divertida. Atentos al titular que circuló en redes en España:

«A Urdangarín le sale a devolver la declaración de la renta»

Concretamente: 1.832 euros. La información incluso citaba unas declaraciones de Urdangarín, condenado por defraudar precisamente a Hacienda entre otros delitos, en las que decía: «Igual que tengo el deber de pagar mis impuestos, tengo el derecho a poder cobrar la devolución de mi renta como cualquier español».

La noticia provocó la indignación de muchos usuarios, que la compartieron y la viralizaron.

Aunque funcionó como *fake news,* no tenía más intención que la humorística. Sus creadores, la web Hay Noticia, son uno de los portales satíricos que juegan a inventarse noticias para nuestra diversión.

¿Humor o ira y miedo: qué funciona mejor para una noticia falsa? Jestin Coler, uno de los mayores creadores de *fake news* de Estados Unidos, da la respuesta: «El humor y la sátira, en mi experiencia, no venden tan bien como las noticias que invocan ira o miedo. La única cosa que se vende mejor que el sexo es el miedo».[12]

---

12. Boland, G., «Q&A with Jestin Coler: "The only thing that sells better than sex is fear"», *NewsWhip*, 24 de mayo de 2017. Disponible en: <https://www.newswhip.com/2017/05/fake-news-jestin-coler/>.

CAPÍTULO 15

FAKE NEWS,
SIN ESCRÚPULOS,
MEJOR

Tras el atentado de Manchester a la salida del concierto de Ariana Grande, en mayo de 2017, circularon estos mensajes en Twitter:

«Mi hijo estaba hoy en el Manchester Arena. No responde al teléfono. Por favor, ayuden.»

14.000 personas retuitearon el mensaje, conmovidos por la noticia y con la buena voluntad de colaborar y solidarizarse con el padre que busca desesperadamente a un hijo.

El mensaje resultó ser falso y quien aparecía en la fotografía resultó ser ReviewBrah, un *youtuber* ajeno por completo a la noticia falsa que, al darse cuenta de lo que estaba sucediendo, colgó un vídeo confirmando que estaba vivo y aclarando que alguien estaba usando su fotografía para «engañar al público con *fake news*».[13]

El otro mensaje que circuló tras el atentado fue este:

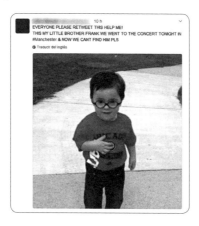

«Todo el mundo, por favor, retuitead esto para ayudarme. Este es mi hermano pequeño Frank. Hemos ido al concierto esta noche en Manchester y ahora no podemos encontrarlo. Por favor.»

Y adjunta vemos su fotografía.

Aproximadamente, 15.700 personas hicieron clic y retuitearon el mensaje con toda la buena intención del mundo. Sin embargo, el mensaje resultó ser una noticia falsa creada por un usuario cuya cuenta fue

13. Disponible en: <https://www.youtube.com/watch?v=0s70gbdf4AY>.

abierta en febrero de 2017 y que apenas había difundido una docena de tuits. La fotografía del supuesto «hermano pequeño Frank» había sido sacada de un catálogo de una línea de ropa.

Veamos ahora este titular en el *New York Evening*:

«Una mezquita de Nueva York quema una bandera de Estados Unidos. ¿Deben ser castigados?»

Tras el titular, la fotografía parece hablar por sí misma. En la noticia se informa de que el pasado 30 de mayo, en la mezquita Masjid Abu Bakr de Nueva York, un grupo de musulmanes quemaron la bandera norteamericana al grito de «Abajo Trump» y «No es mi presidente».

Todo parece posible y creíble, ¿no? Pues nada de esto pasó. La página web Snopes desveló que la fotografía corresponde a una protesta en Bangladés en 2012 contra la película *La inocencia de los musulmanes*, que, según los manifestantes, ridiculizaba su fe. Y el texto de la noticia fue copiado de la web Underground News Report, cuyo objetivo es «escribir historias excéntricas para bromear con los lectores».

Así pues, el *New York Evening* convirtió una broma en una noticia falsa que incitaba directamente a la islamofobia.

Veamos ahora un vídeo que muestra una agresión a una doctora en un hospital. Circuló en España y tuvo tres millones de visitas en Facebook.

En las imágenes se ve cómo una persona agrede a otra que parece una doctora y cuando una enfermera intenta mediar también es atacada y hasta perseguida por los pasillos. La calidad de la imagen del vídeo era esta:

Pues bien, el vídeo fue compartido en Facebook por un usuario español con el siguiente mensaje: «Musulmán dando las gracias por su acogida en Europa en un centro de salud español. Imágenes que TVE no difunde para no crear alarma social. ¡Manda huevos, nos van a comer con patatas!».

Se viralizó rápidamente y alcanzó los tres millones de visitas. Pero era una noticia falsa. El vídeo, sin embargo, es real y lo publicó en Twitter Rustem Adagamov, uno de los blogueros más famosos de Rusia.

La verdadera noticia es que un hombre borracho atacó a una enfermera y a otras personas en un hospital de Nóvgorod, en Rusia. Hirió a tres empleados y uno de ellos sufrió una conmoción cerebral y fracturas óseas en la cara.

La noticia real que se publicó en Rusia termina así: «Tras recibir atención médica, el agresor salió del hospital acompañado por escuadrones de policía».

Vamos ahora a Roma. El 1 de junio de 2017 se quemó un garaje de automóviles cerca del Vaticano, y así lo comunicaron los bomberos de la ciudad en Twitter. Pues bien, en Estados Unidos, la presidenta de la asociación Stop Islamization of America, Pamela Geller, publicó la siguiente noticia en Twitter:

«Bombardeo en la Ciudad del Vaticano: no hay que preocuparse, el Papa dice que el Corán es un libro de paz y que el islam no es violento.» Y se quedó tan feliz. Tiempo después lo desmintió en su página web dando cuenta de que los bomberos habían informado de que la explosión ocurrió en un garaje de coches. Pero la noticia falsa ya había circulado y su intención antiislámica era evidente.

Pamela Geller quería crear una noticia falsa claramente ideológica. Y sabía que para hacerlo mentía deliberadamente, pero cumplía su objetivo. Como dice el dicho: «Calumnia, que algo queda».

Hemos visto *fake news* que buscan a niños inexistentes tras un atentado y *fake news* que van contra los musulmanes de forma descarada. Sin duda, para fabricar buenas *fake news* es mejor no tener escrúpulos.

CAPÍTULO 16

LAS *FAKE NEWS* MOLAN TANTO... QUE PERDEMOS LA RAZÓN

El 24 de enero de 2013, en España, pasó algo extraordinario. No por bueno, sino por inusual: *El País*, uno de los periódicos españoles más prestigiosos, se vio obligado a retirar de los quioscos el diario y reimprimir una nueva edición a toda máquina.

¿Qué provocó tal decisión? Una noticia falsa.

En enero de 2013, el entonces presidente de Venezuela, Hugo Chávez, languidecía víctima de un cáncer. Su estado de salud era un secreto, aunque se sabía que recibía tratamiento en un hospital de Cuba.

Fue entonces cuando el diario *El País* tuvo acceso a una fotografía en la que parecía verse a Hugo Chávez intubado en la cama de un hospital.

El diario vio la fotografía y se la creyó. Confió en el poder de la imagen y decidió publicarla en portada junto al titular «El secreto de la enfermedad de Chávez». Esta fue la portada:

EL PAÍS

EL PERIÓDICO GLOBAL EN ESPAÑOL

www.elpais.com

JUEVES 24 DE ENERO DE 2013 | Año XXXVII | Número 12.994 | EDICIÓN MADRID | Precio: 1,30 euros

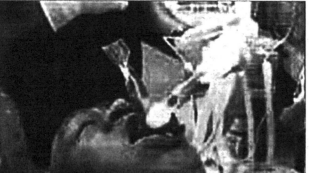

El presidente Hugo Chávez, durante el tratamiento médico recibido en Cuba. / DERECHOS MUNDIALES DE EDICIONES EL PAÍS, PROHIBIDA SU REPRODUCCIÓN

El secreto de la enfermedad de Chávez

El estado de salud del presidente de Venezuela, Hugo Chávez, se ha convertido en uno de los secretos mejor guardados de los últimos años y objeto de polémica política en dicho país ante la ausencia del dirigente en su toma de posesión tras las últimas elecciones. La imagen que hoy publica EL PAÍS, tomada hace unos días, muestra un momento del tratamiento médico en Cuba, según las fuentes consultadas por este diario. Ni el Gobierno venezolano ni el cubano han dado información detallada del tipo de cáncer que sufre Chávez ni de los cuidados que está recibiendo, lo que ha generado una agria controversia y la exigencia de transparencia por parte de la oposición venezolana. Las últimas informaciones oficiales hablan de una mejoría de Chávez y de su posible vuelta a Caracas. **Página 6**

EL PARLAMENTO CATALÁN DA UN PASO ADELANTE EN EL DESAFÍO INDEPENDENTISTA

Cataluña se declara "sujeto de soberanía"

El texto sobre el derecho de autodeterminación se aprueba por amplia mayoría con la oposición de PSC, PP y Ciutadans ● Cinco diputados socialistas abren una brecha en el partido al negarse a ejercer su voto

P. RÍOS / M. ROGER, Barcelona

La consulta sobre el derecho de autodeterminación inició ayer su andadura en el Parlamento catalán. CiU, Esquerra, Iniciativa y un diputado de la CUP dieron su apoyo al texto (85 votos), mientras que PSC, PP y Ciutadans se pronunciaron en contra (41). Otros dos diputados de la CUP se abstuvieron. El texto proclama la "soberanía jurídica y política del pueblo catalán" y marca el camino hacia la consulta, fijada para 2014. La fecha no se concreta en el texto, que tampoco soluciona el encaje legal de la votación.

El proceso soberanista va parejo al conflicto interno que viven los dos grandes partidos históricos catalanes: PSC y CiU. En la jornada de ayer, el hemiciclo catalán fue escenario de cómo cinco diputados del PSC se rebelaron contra la dirección del partido y decidieron no votar, pese a estar ocupando físicamente el escaño.

Unió y Convergència enterraron momentáneamente el hacha de guerra, pero en las próximas semanas deberán sentarse para discutir el órdago lanzado por los democristianos, que retaron a los convergentes a revisar los pactos internos.

Aparcado queda, de momento, el gran debate de fondo: Unió defiende el encaje de Cataluña en España y Convergència, el Estado propio. **Páginas 10 a 12** EDITORIAL EN LA **Página 30**

Cameron anuncia una consulta sobre la permanencia británica en la UE
Páginas 2 a 4

El exsocio de Urdangarin trata de implicar al secretario de las Infantas
Página 16

Un excargo de Aguirre regulariza el dinero que ocultó en Suiza

López Viejo, exconsejero imputado en Gürtel, organizaba los actos de la expresidenta ● Llegó a mover 1,6 millones

FRANCISCO MERCADO, Madrid

El exconsejero autonómico del PP Alberto López Viejo, imputado en el caso Gürtel por recibir supuestamente cientos de miles de euros de la trama corrupta a cambio de contratos en la Comunidad de Madrid, llegó a mover hasta 1,6 millones de euros en una cuenta de Suiza que, según fuentes de su entorno, ha regularizado con Hacienda el pasado verano. Lo hizo cuando el juez que investiga el caso esperaba el resultado de informes de Suiza en relación con ese dinero que el exconsejero autonómico ha puesto al día con Hacienda y que, según su entorno, no corresponde a sus relaciones con la trama Gürtel. López Viejo llegó a ser hombre de la máxima confianza de la expresidenta Esperanza Aguirre, a quien le organizaba todos los actos institucionales, en los que la trama corrupta de Francisco Correa ganó mucho dinero con adjudicaciones ilegales. **Páginas 13 a 15**

En el texto de la noticia, *El País* sostenía que la foto se había tomado hacía unos días y mostraba un «momento del tratamiento médico en Cuba» que estaba recibiendo Chávez, «según las fuentes consultadas por el diario».

A los pocos minutos de colocar la portada en Internet, el periódico supo por las redes sociales que la imagen no era de Chávez, sino que procedía de un vídeo de 2008 sobre una operación a un paciente sin relación con el mandatario. *El País* estaba siendo víctima de una noticia falsa y cometiendo uno de los errores más flagrantes de su historia.

El diario narró lo sucedido y dio explicaciones en un artículo publicado al día siguiente.[14] En ese relato se cuenta el siguiente diálogo entre el director adjunto del diario, Vicente Jiménez, y el director de fotografía, Luis Magán:

—Esta agencia será de fiar, ¿no? —pregunta Jiménez.
—A mí me parece que es Chávez —le responde Magán.

La conversación es sumamente reveladora, porque mientras uno pregunta sobre la fiabilidad de la fuente, el otro responde sobre qué le parece la foto. Es decir, el director adjunto de *El País* cuestiona un dato objetivo (la fiabilidad de la agencia) y el director de fotografía replica con una opinión subjetiva («Me parece que es Chávez»). Razón contra emoción. ¿Qué ganará?

Las *fake news*, sin duda, quieren que gane la emoción. Pretenden noquearnos atacando directamente al espacio que hay entre la razón y la emoción con el objetivo de provocar que nuestra emoción

---

14. Irujo, J. M., y Elola, J., «Relato de un error de EL PAÍS», *El País*, 26 de enero de 2013. Disponible en: <https://elpais.com/internacional/2013/01/26/actualidad/1359234203_875647.html>.

ante una revelación nos nuble la razón y nos haga ser impulsivos y no reflexivos.

De hecho, **para que una noticia falsa se convierta en viral hay que lograr que la emoción prime sobre la reflexión.**

Dicen los italianos: «Si non è vero, è ben trovato». El dicho se usa para justificar una anécdota verosímil que retrata bien a un personaje o una situación, pero que puede no ser verdadera. Eso es lo que buscan las *fake news*. Parecen verosímiles y fáciles de creer, y aunque dudemos de su verdad, molan tanto que queremos creer en ellas. Nos pasa lo mismo que al creyente que cree en un milagro o en una aparición mariana. La razón no vale para desmontar su creencia.

La abuela de mi mujer murió con noventa y un años. Siempre fue muy creyente y en su casa coleccionaba estampitas y figuritas de santos y vírgenes. En los últimos años de su vida creyó en el siguiente milagro: en la mesa del sofá de su salón lucía un centro de flores de plástico, siempre igual, siempre reluciente.

Pues bien, ella estaba convencida de que crecían nuevas flores; cuando le preguntábamos cómo podía ser que brotaran si eran de plástico y ella nunca las regaba, su respuesta era reveladora: «Eso digo yo, es un milagro».

CAPÍTULO 17

LAS *FAKE NEWS* SON CONTAGIOSAS

Volvamos de nuevo un momento a la fotografía *fake* de Hugo Chávez intubado en la portada del diario *El País*.

En el relato de lo sucedido se narra que Luis Magán, director de fotografía del diario, llega a sostener lo siguiente tras recibir la imagen: «Estamos manejando la sensación de tener una exclusiva mundial».[15]

Esta es exactamente la sensación que persiguen **las *fake news*: buscan darnos una noticia de tal magnitud, de tal impacto, de tal revelación que nuestra primera reacción no sea otra que compartirla rápidamente con todos nuestros contactos.** Buscan que nosotros también creamos tener toda una exclusiva mundial entre manos.

De nuevo, la razón se nubla ante la emoción. Y, evidentemente, picamos. Por eso las *fake news* son altamente contagiosas. Porque desde su misma gestación pretenden ser propagadas rápidamente.

15. Irujo, J. M., y Elola, J., *op. cit.*

Esta misma necesidad de compartir la exclusiva es lo que le pasó al diario *El País*. Su director de fotografía reconoció que había dudas sobre la fecha y la autenticidad de la foto. «Pero nadie pone en duda que sea Chávez», relató Magán. Lo único cierto es que no podían comprobar que fuera Chávez y que, a pesar de ello, optaron por creérselo y compartirlo.

Javier Moreno, director de la publicación, afirmó: «Ese es el error central de la historia. Creíamos tener verificada una fotografía que no habíamos verificado».

Tenían la sensación de poseer «una exclusiva mundial» y les pudieron más las ganas de compartirlo que la seguridad de la verificación absoluta de la noticia. Eso es lo que pasó.

Y si les ocurre a ellos, que son un diario reputado y confiable, ¿qué será de nosotros? Pues más de lo mismo. Si a los periodistas se la cuelan, cuando se supone que deberían chequear la veracidad de todas las noticias, nosotros no vamos a ser menos.

Si en *El País* se emocionan al creer que tienen un notición tan grande que no pueden reprimir compartir la información, imagínate nosotros.

Cuanto mayor impacto tenga en nosotros una noticia falsa, más posibilidades hay de que nos provoque una necesidad irrefrenable de compartirla rápidamente.

Y de que lo hagamos.

CAPÍTULO 18

¿QUÉ TIENEN LAS *FAKE NEWS* PARA QUE LAS COMPARTAMOS?

Una buena noticia falsa es la que refuerza nuestros prejuicios y opiniones. Es decir, la que actúa sobre lo que ya pensamos, de manera que sea más fácil creernos una información que nos da la razón que una que nos la quita.

Somos así: nos chifla creernos todo aquello que reafirma nuestra visión de las cosas.

¿Nos acordamos del caso del sacerdote negro de Trump? En enero de 2017, el presidente norteamericano Donald Trump asistió junto a su familia al protocolario oficio religioso que se celebra al día siguiente de la investidura en la Catedral Nacional de Washington.

Al terminar la ceremonia, los religiosos participantes desfilaron por el pasillo del presidente para saludarlo. Todos los pastores saludaron a Trump. Todos menos un religioso negro. Este es el momento:

Inmediatamente, el vídeo corrió por Internet y comenzaron a circular noticias que afirmaban que Trump negaba el saludo a un sacerdote negro por su racismo y otras que decían que un pastor negro no saludaba a Trump por sus ideas supremacistas y malograba una oportunidad para protagonizar un acercamiento entre ambas comunidades.

Pero ¿qué pasó en verdad? La auténtica noticia es que no había noticia, porque no había ocurrido nada extraordinario.

Simplemente ocurrió lo que marca el protocolo. El hombre negro protagonista de la historia no era ni sacerdote ni obispo. Tan solo era un sacristán encargado del cuidado de los objetos del pastor principal y, por lo tanto, el protocolo marca que no debe saludar ni ser saludado.

Así que, en verdad, tanto Trump como el sacristán negro actuaron adecuadamente. Sin embargo, corrieron *fake news* en ambos sentidos. Y cada cual se creyó la noticia que caía de su lado, cuando en realidad ninguna de las dos eran verdad porque no había noticia ninguna.

Ahora bien, **para ponderar las noticias que nos llegan están los hechos, no nuestras emociones.** La historia y el sentido común dan fe de ello: racionalizar desde la pasión, desde la emoción, desde las filias y las fobias es peligroso.

Pero **¿por qué compartimos las *fake news*? Porque queremos que los demás también nos digan que están de acuerdo con nosotros,** que piensan igual, que comparten nuestra visión del mundo, nuestra verdad.

De hecho, siempre hemos buscado sustentar nuestras opiniones, y lo seguiremos haciendo, para lograr la aprobación de los demás y nuestra aceptación en un grupo. Por eso compartimos las noticias que nos reafirman y nos dan la razón. Aunque sean *fake news.*

CAPÍTULO 19

DOCE RAZONES POR LAS QUE NOS CREEMOS LAS *FAKE NEWS*

1. PORQUE TENEMOS FE

Y nos encanta creer en todo aquello que la refuerce. Incluidas las noticias, aunque sean falsas. Ya lo decía Nietzsche: «Tener fe significa no querer saber la verdad».

2. PORQUE NOS DAN LA RAZÓN

«¡Ya lo decía yo!», «¿Ves como tengo razón?» Así reaccionamos ante una noticia falsa, y ya está: nos la creemos. Somos así: odiamos que nos contradigan y nos encanta tener razón siempre, aunque las evidencias digan lo contrario. Lo cierto es que tendemos a procesar la información a través de las creencias y no de los hechos. Es más, tratamos incluso de modificar los hechos para ajustarlos a nuestro marco mental prefijado. Por eso nos seducen las *fake news*, porque nos proporcionan una manera mejor de comprender el mundo en función de lo que ya pensamos.

3. PORQUE NOS SUBEN LA AUTOESTIMA

Creer en una noticia que nos da la razón nos reafirma a nivel individual, y eso es un subidón para nuestro ego. ¿Dejaremos que la verdad nos reviente un momento así?

4. PORQUE NOS GUSTAN LAS MENTIRAS

Desde pequeños crecemos rodeados de mentiras (los Reyes Magos, Papá Noel, el ratoncito Pérez...) que nos transmiten nuestros padres. Es casi la primera enseñanza que recibimos. Estas mentiras contadas en forma de cuentos o historias nos facilitan entender y recordar y nos ayudan a crearnos a nosotros mismos y a vivir con los demás. Nos hacemos seres sociales con mentiras, y estas funcionan cuando se vinculan a una emoción. De ahí nace el *storytelling*, es decir, el arte de estructurar la realidad a través de historias que nos permitan vincularnos afectivamente a los hechos. Y eso hacen las *fake news*: articulan la realidad a través de noticias que nos vinculan emocionalmente a mentiras.

5. PORQUE NOS AUTOENGAÑAMOS SIN PARAR

Nos decimos que «no era el amor de nuestra vida» cuando nos enfrentamos a una ruptura no deseada de pareja. Y es mentira. Nos animamos al mirarnos al espejo y convencernos de que «no estamos tan gordos». Y es mentira. Nos consolamos afirmando que «si ha pasado así, es porque era nuestro destino» cuando sufrimos un revés inesperado. Y es mentira. Si nos mentimos a nosotros mismos con tanta facilidad, ¿cómo vamos a censurar que alguien lo haga en una noticia que nos da la razón y, además, nos gusta?

6. PORQUE MOLAN MUCHO

Tanto que queremos que sean verdad. En junio de 2017 el tenista español Rafa Nadal ganó su décimo Roland Garros. Rápidamente se viralizó esta noticia ilustrada con una gran foto:

Lo sé, el amarillo no se ve en la foto. En la imprenta no había color amarillo disponible. Pero, ponle un poco de imaginación. Si no quieres, puedes ver el tuit que un conocido periodista deportivo hizo con esta misma foto en el código QR que lo acompaña.

A pesar de la evidencia de la foto, la noticia era *fake*. La imagen correspondía a una campaña que hizo Orange con motivo de la Eurocopa de 2016. En el *timeline* de Twitter, se produjo sobre esta noticia falsa, la conversación que reproducimos en la página 89.

B. M. se cree la noticia y, al saber que es *fake*, reacciona así: «Jo, qué pena. Pues hubiera quedado molón molón». La otra usuaria, que le ha revelado el *fake*, le recrimina: «Molaría más que comprobases cosas antes de responder, pero oye...», a lo que B. M. responde: «Y lo hago..., aunque esta vez no lo hice quizá porque quería que fuera verdad».

Este es uno de los poderes de las *fake news*: son mentira, pero molan tanto que queremos creer en ellas. Como los Reyes Magos.

7. PORQUE VIENEN A BUSCARNOS, VIENEN A POR NOSOTROS

Antes el consumo de noticias era un acto voluntario. Uno buscaba el periódico, ponía la radio o encendía la tele para informarse. Ahora, en cambio, las noticias nos asaltan directamente en Whats-App, Twitter, Telegram, Facebook... Nos las pasan colegas de nuestro círculo social directamente a nuestro móvil. Podemos decir que las *fake news* vienen a por nosotros para sorprendernos con la guardia baja.

8. PORQUE NO NOS IMPORTA DE DÓNDE SALEN

Antes la información venía siempre amparada por una cabecera, bien fuera un periódico o un noticiario de radio o televisión, en la que confiábamos. Ahora, las noticias corren como pollos sin cabeza. Ya no nos fijamos en quién sostiene la información o de dónde ha salido. Simplemente nos llegan y nuestra fe las acepta o las rechaza en función de nuestro credo, sin importarnos siquiera cuál es su origen. Si la noticia nos encaja, nos la creemos y la difundimos.

9. PORQUE SON TRAMPOSAS

Las *fake news* no son tontas, ni tampoco sus creadores. Por eso aparentan ser noticias amparadas por medios fiables con un diseño y una presentación parecidos a los estándares de los diarios y portales clásicos de información. Pero en verdad buscan engañarnos, son trampantojos.

10. PORQUE SON EMOCIONANTES

Hoy en día, los hechos crudos y fríos influyen menos en la opinión pública que los llamamientos a la emoción y a las creencias personales. En esta línea, las *fake news* cocinan hechos fríos para convertirlos en un plato caliente de emociones que deseamos comer sin pensarlo dos veces.

11. PORQUE NOS IMPULSAN A COMPARTIRLAS

Y no hay cosa que nos alegre más que ver cómo nuestros contactos reaccionan igual que nosotros. Mola ver que la gente es como nosotros. Está comprobado, además, que nuestro círculo de amigos en las redes sociales está formado por gente afín a nuestro pensamiento. Así que dar *likes* o compartir noticias, fotos, chistes o *fake news* que nos creemos es una acción que hacemos para reafirmar nuestra aceptación en la tribu y para que, a su vez, el grupo nos apuntale todavía más en nuestras creencias.

12. PORQUE SE APROVECHAN DE NUESTRA DESCONFIANZA EN EL PERIODISMO

Hoy en día, la gente ya no se fía de los medios de comunicación. En España, por ejemplo, solo el 34 % de los ciudadanos confía en las noticias publicadas en los medios.[16] Y en Estados Unidos, solo el 32 %.[17] Buena parte de la culpa la tiene el propio periodismo, que, en su tránsito al mundo digital, ha relajado su rigor y ha aceptado el bulo y el rumor en el circuito informativo para ganar tráfico y clics. Y en medio de esta desconfianza informativa, lo *fake* es el rey. Y las *fake news*, las reinas.

16. Newman, N.; Levy, D. A. L., y Kleis Nielsen, R., *Reuters Institute Digital News Report 2015: Tracking The Future Of News*. Oxford: Reuters Institute for the Study of Journalism, 2015. Disponible en: <https://nuevatribuna.opennemas.com/media/nuevatribuna/files/2016/03/18/reuters-institute-digital-news-report-2015_full-report.pdf>.
17. Swift, A., «Americans' Trust in Mass Media Sinks to New Low», Gallup, 14 de septiembre de 2016. Disponible en: <http://news.gallup.com/poll/195542/americans-trust-mass-media-sinks-new-low.aspx>.

CAPÍTULO 20

LAS *FAKE NEWS* DIVIDEN: ERES DE LOS MÍOS, ¿VERDAD?

¿Has discutido alguna vez por la veracidad o no de una noticia? ¿O de una noticia falsa?

El 30 % de los españoles sí,[18] ya sea con familiares o con amigos. Un 22 % afirma incluso que una noticia falsa le ha ocasionado problemas en el trabajo, bien sea con el jefe o con los compañeros, y hasta un 18 % asegura que una noticia falsa le ha ocasionado problemas emocionales. ¡Guau!

Ya vemos que las *fake news* no nos dejan indiferentes. En realidad, las *fake news* se aprovechan de dos cosas:

18. «I Estudio sobre el Impacto de las Fake News en España», *op. cit.*

1. DE LA POLARIZACIÓN DE LA SOCIEDAD

Donald Trump y otros muchos políticos y gobernantes buscan enfocar el discurso en una clara división entre los que piensan como ellos y los que están en contra.

Sin duda, una sociedad dividida en bandos es el escenario ideal para que las *fake news* ideológicas triunfen. *Divide et impera. Divide et fake news. Fake news et impera.*

2. DE NUESTRO COMPORTAMIENTO COMO HUMANOS

La sociología y la política ya han constatado que la gente que vive y piensa de manera diferente evita relacionarse. Somos así de endogámicos. Solo nos gusta estar con personas que son como nosotros y vivir dentro de esa burbuja. Y encantados de la vida y de habernos conocido.

Y no contentos con esto, resulta que una de las cosas que más nos gusta es compartir todo lo que reafirma nuestra pertenencia al grupo, es decir, a la burbuja, para lograr su aprobación. Conseguirla aumenta nuestro ego. Y las *fake news* lo saben: la vanidad es un pecado capital al que cuesta mucho resistirse.

Cuando compartimos una noticia para masajear nuestro ego dentro de nuestra burbuja, provocamos un efecto llamado «cámara de eco», fenómeno por el cual una noticia se amplifica por viralización dentro de un círculo cerrado donde se censuran las visiones diferentes.

Amigos, sed bienvenidos al terreno de juego ideal para las *fake news.*

CAPÍTULO 21

CINCO TRAMPAS DEL CEREBRO ANTE LAS *FAKE NEWS*

La verdad es que no somos conscientes de ello, pero nuestro cerebro nos hace trampas con las *fake news*.

Veámoslas:

TRAMPA 1: EL CEREBRO SIEMPRE QUIERE DARNOS LA RAZÓN

Esta trampa se conoce como «sesgo de confirmación». Básicamente, lo que hace nuestro cerebro ante una nueva información es filtrarla destacando lo que nos da la razón e ignorando lo que nos la quita.

Por eso es más fácil que demos por ciertas las noticias que confirman nuestras ideas que las que nos llevan la contraria.

El diario satírico *The Onion* publicó este titular que refleja esta trampa del cerebro a la perfección:

94

«Un usuario de Facebook verifica
la verdad de una noticia tras contrastarla cuidadosamente
con sus opiniones preconcebidas»

TRAMPA 2: EL CEREBRO ETIQUETA FATAL
LAS NOTICIAS VIRALES

Esta trampa se conoce como «el efecto de la verdad ilusoria». Resulta que nuestro cerebro etiqueta como más ciertas las noticias más repetidas. Y no podemos evitarlo. Y sucede, además, que los procesos memorísticos que se producen durante la exposición inicial a una información incorrecta son mucho más difíciles de corregir con el paso del tiempo.

Canta Joan Manuel Serrat: «Uno se cree que las mató el tiempo y la ausencia. Pero su tren vendió boleto de ida y vuelta». Serrat no hablaba de *fake news* cuando escribió la canción en 1971, pero ahora estos versos valen para cantar el efecto que las noticias falsas provocan en nuestro cerebro.

¿Cuántas veces recordamos un suceso, pero no recordamos dónde lo leímos, oímos o vimos? Muchas, ¿verdad?

Podemos ningunear el efecto de las *fake news* como algo pasajero que matará el tiempo y la ausencia, pero lo más probable es que no sea así y que, con el paso del tiempo, cuando el cerebro las recupere, las atribuya a fuentes más fiables que ese titular que saltó en Facebook o Twitter un día.

Las *fake news* son, por tanto, un tren que siempre vende boleto de ida y vuelta.

TRAMPA 3: EL CEREBRO SIEMPRE BUSCA ALIADOS

En 2015, dos investigadores norteamericanos, Alin Coman y William Hirst,[19] descubrieron que las personas buscamos juntarnos con gente afín para reforzar nuestras creencias. Básicamente, porque pensar igual fortalece la cohesión del grupo.

Coman y Hirst detectaron que dentro de un mismo grupo social (o burbuja, como sucede ahora en las redes sociales) es más probable que se produzca una convergencia de la memoria. O, lo que es lo mismo, tenemos muchos números de que quienes compartimos un círculo social muy agrupado acabemos fijando una memoria colectiva común a partir de nuestras interacciones.

Es por esta trampa del cerebro que una noticia falsa compartida en una red social tiene mayores posibilidades de ser aceptada como verdad por todos sus miembros.

TRAMPA 4: EL CEREBRO SE AUTOENGAÑA

A esta trampa se la conoce como «disonancia cognitiva» y describe la tensión que producen nuestras creencias al chocar con la realidad.

Como teorizó Immanuel Kant, como seres humanos no podemos experimentar las «cosas-en-sí-mismas», sino solamente tal como las experimentamos en nuestra mente. Es decir, no existe la objetividad como tal y todo lo que percibimos de la realidad es subjetivo.

Así las cosas, la mente nos autoengaña para sacar algunos beneficios que considera más importantes que la aceptación de la realidad tal como es. De hecho, la reacción más frecuente de nuestro cere-

---

19. Coman, A., y Hirst, W. (2012). «Cognición a través de una red social: la propagación del olvido inducido y los efectos de la práctica». *Journal of Experimental Psychology: General*, 141(2), 321-336. Disponible en: <http://dx.doi.org/10.1037/a0025247>.

bro ante una realidad que choca con nuestro pensamiento es rechazar el dato.

Así pues, más que adaptarse a la realidad, nuestro cerebro se autoengaña para adaptar la realidad a nuestras creencias.

TRAMPA 5: EL CEREBRO LLEVA FATAL NO RECORDAR CON EXACTITUD

Es una trampa involuntaria pero existente.

¿Cuántas veces nos pasa que recordamos algo que se dijo o que ocurrió en el pasado, pero se lo atribuimos a alguien distinto al protagonista real? Ante esta falta de exactitud al recordar una noticia, por ejemplo, nuestro cerebro prefiere construirse una explicación, aunque sea falsa, a no tener ninguna.

Por eso nos sucede que, cuando recordamos una noticia de forma difusa, nuestro cerebro la recupera dándole una veracidad que en el caso de las *fake news* nunca tuvo.

CAPÍTULO 22

LAS *FAKE NEWS* SON PELIGROSAS

«Las noticias falsas destrozan la mente de la gente.» La frase es de Tim Cook, director ejecutivo de Apple, y retrata el peligro de las *fake news*.

Pero ¿por qué son peligrosas las *fake news*? **Las *fake news* son peligrosas porque pueden llegar a reescribir nuestra memoria de la historia.**

Sucede que no se puede competir con las *fake news*. Son más rápidas que nadie y tienen un impacto mayor del que creemos. Nos manipulan hoy y pueden llegar a reescribir la historia.

Vamos a explicarlo: una noticia se ha hecho viral y nos ha llegado por distintas redes sociales y medios *online*. Por ejemplo, esta:

«Cristiano Ronaldo deja tirado su Lamborghini en plena sierra de Madrid»

Este titular se viralizó en redes sociales en enero de 2017 y la noticia salió publicada en numerosos medios de comunicación españoles como *La Razón*, *Antena 3*, diario *Sport*, *Okdiario*, *Liberta Digital*, *Huffington Post*, *El Norte de Castilla*, *Onda Cero*, *Mundo Deportivo* y hasta la revista *Cuore*... entre otros.

Según esta, Cristiano Ronaldo se había visto obligado a abandonar su Lamborghini Aventador negro en el puerto de Navacerrada por el intenso dolor que sentía en su muñeca derecha. Tanto era el dolor que el futbolista tuvo que ser evacuado en una ambulancia junto a su novia tras pedir ayuda a la Guardia Civil. Su Lamborghini, añadía la noticia, se lo llevó una grúa.

La noticia iba acompañada de esta imagen y de este tuit:

«Salir de esquiar y encontrarte el Lamborghini de CR7», tuitea P. D. a la vez que adjunta una foto como prueba.

Parece posible, pero todo era falso. Era una noticia falsa.

Esta noticia no tiene ninguna relevancia ni entraña peligro alguno. Es una tontería puesta a modo de ejemplo. Pero, veamos, ¿qué ocurre en nuestro cerebro al recibir una noticia falsa así?

Lo que sucede en primer lugar es que la noticia nos mola tanto, por graciosa y extravagante, que queremos creer en ella. Lo segundo es que reafirma nuestra opinión de que Cristiano Ronaldo es un *crack* extraordinario que antepone su salud deportiva al ocio o, en el extremo opuesto, de que el futbolista es un «notas». Y la tercera acción que sucede en nuestro cerebro es que cuanto más viral se vuelve la noticia falsa, más problemas tendremos en el futuro para recordar que no era verdad. Es más, somos incapaces de hacerlo, según ha estudiado Danielle C. Polage, profesora de psicología de la Universidad Central de Washington.[20]

Polage afirma que nuestra mente termina por etiquetar como cierta toda la información que no recordamos con exactitud pero que nos suena de algo. Así que cuando decimos: «Esto no recuerdo quién me lo dijo» o «Recuerdo la noticia, pero no dónde la leí», nuestra maldita cabeza nos contesta sin dudarlo: «Era así, tal como te suena. ¡Y es verdad!».

Y ni siquiera sirve de algo desenmascarar la noticia falsa, porque al desmentirla inevitablemente la repetimos, y eso facilita su almacenamiento en el cerebro.

Por ejemplo, cuando Sean Spicer, el secretario de prensa de Trump, dice que su investidura fue la más vista de la historia y la comprobación de datos demuestra lo contrario, los titulares de la revelación son como este de la revista *Time*:[21]

«White House's Sean Spicer Stands
by False Claim That Donald Trump's Inauguration
Was the "Most-Watched" Ever»

---

20. Polage, D. C., «Making up History: False Memories of Fake News Stories», *Europe's Journal of Psychology*, 2012, vol. 8, n.º 2, pp. 245-250. Disponible en: <http://ejop.psychopen.eu/article/viewFile/456/pdf>.

21. Disponible en: <http://time.com/4643927/sean-spicer-white-house-donald-trump-inauguration-press-briefing>.

«Sean Spicer, de la Casa Blanca, sostiene la falsa afirmación de que la investidura de Donald Trump fue la "más vista" de todos los tiempos.» Como vemos, incluso el desmentido conserva la noticia falsa original.

Así que como no recordemos el desmentido de la noticia con exactitud en el futuro, nuestro cerebro terminará dándola por cierta simplemente porque le será familiar, porque le sonará de algo.

¿Os suena el viejo dicho: «Una mentira repetida mil veces se convierte en verdad»? Actualicémoslo y digamos:

**«Una noticia falsa compartida y viralizada mil veces
hoy se convierte en verdad mañana.»**

Por eso las *fake news* quieren ser virales. Para ganar dinero si este es su único objetivo, pero también para meterse en nuestro disco duro cerebral y reescribir nuestra memoria de la historia.

Robert Louis Stevenson dijo: «Mi memoria es magnífica para olvidar». Y hoy nosotros decimos:

**«Nuestra memoria es magnífica para olvidar
que una noticia falsa era falsa.»**

Así las cosas, las *fake news* son peligrosas porque confunden nuestra memoria y reducen nuestra capacidad de aprendizaje del pasado. Cuanto mayor sea nuestro consumo de *fake news*, más posibilidades tendremos de repetir errores de la historia.

¿Os suena el daño que hizo en la primera mitad del siglo XX la propaganda? ¿Os suenan estas frases?: «Miente, miente, miente, que algo quedará; cuanto más grande sea una mentira, más gente la creerá», «Si no puedes negar las malas noticias, inventa otras que las distraigan» o «Toda propaganda debe ser popular, adaptando su nivel al menos inteligente de los individuos a los que va dirigida. Cuanto más grande sea la masa por convencer, más pequeño ha de ser el esfuerzo mental por realizar. La capacidad receptiva de las masas es limitada y su comprensión, escasa; además, tienen gran facilidad para olvidar».

¿Adivináis quién las dijo? Joseph Goebbels, artífice de la propaganda nazi. Ha pasado casi un siglo, pero si sustituimos propaganda por *fake news* nos damos cuenta de que no hemos evolucionado mucho.

Pero, cuidado, hace un siglo la propaganda era eficaz de puertas adentro, es decir, del país para sus gentes. A la propaganda extranjera le era entonces muy difícil penetrar en un país que controlaba rígidamente sus medios de comunicación e incluso a sus periodistas. Hoy en día ya no es así. En nuestro siglo XXI, las redes sociales y el acceso libre a todo tipo de información abren las puertas de par en par a la injerencia de la propaganda. ¿Y cuál es su principal arma? Las *fake news.*

Veamos un ejemplo: Facebook ha revelado que, durante las elecciones de 2016 en Estados Unidos se llegaron a contabilizar al menos tres mil publicaciones realizadas desde cuentas falsas operadas probablemente desde Rusia. Estas *fake news* fueron vistas por más de diez millones de votantes en Estados Unidos.

También fue potente la injerencia de las *fake news* rusas en el Reino Unido durante la campaña del *Brexit*: 419 cuentas falsas de Twitter llegaron a difundir 3.648 tuits, todos con noticias falsas, según una investigación de la Universidad de Edimburgo. La primera ministra británica, Theresa May, dijo en noviembre de 2017: «Lo que está haciendo Rusia es usar la información como arma, usando los medios controlados por el Estado, difundiendo noticias falsas y trucando imágenes para crear la discordia en Occidente y subvertir nuestras instituciones». Y advirtió a Rusia de la siguiente manera: «Tengo un mensaje para Rusia: sabemos lo que estáis haciendo y no triunfaréis».

Rusia, evidentemente, lo niega todo. En España, el Gobierno también acusó a Rusia de difundir *fake news* durante el conflicto sobre la independencia que se vivió con Catalunya. La respuesta de los rusos fue esta: «Nuestra cultura no permite propagar *fake news*».

Pero, cuidado, esto no es un juego con un solo participante. El informe de 2017 de la ONG Freedom House revela que hasta treinta países de todo el mundo se dedican a fabricar sus propias noticias para distorsionar la información en Internet a su favor.[22] En palabras de Sanja Kelly, directora del informe *Freedom on the Net*: «En la mayoría de los casos, es el Gobierno el que está detrás». ¡Treinta países fabricando *fake news*! ¡Peligro! ¿Quién puede parar esto?

22. Kelly, S., Truong, M., Shahbaz, A., Earp, M., y White, J., *Freedom of the Net 2017: Manipulating Social Media to Undermine Democracy*. Washington: Freedom House, 2017. Disponible en: <https://freedomhouse.org/report/freedom-net/freedom-net-2017>.

3

LAS *FAKE NEWS* PERJUDICAN SERIAMENTE AL PERIODISMO

CAPÍTULO 23

¿DÓNDE HA ESTADO EL PERIODISMO ESTOS AÑOS?

Vamos a contar cuatro historias que han dejado en evidencia a los medios de comunicación en los últimos años:

1. LA HISTORIA DEL BOLETO EN LA LAVADORA

En diciembre de 2008, en todos los informativos de televisión de España salió el testimonio de una señora desesperada porque le había tocado el Gordo de Navidad, pero había metido el número en la lavadora por error.

«Me metí el décimo en el bolsillo del gabán y me olvidé de él hasta que he oído el número en el sorteo. Lo había metido en la puta lavadora y estaba irreconocible. Luego lo he metido en una bolsa de guisantes para congelar y me he venido en taxi», decía Mari Carmen en todas las televisiones.

La noticia estaba servida. Y así nos la presentaron. Solo fallaba una cosa: la noticia era un *fake* ideado por el programa *Salvados*, de Jordi Évole, cuando todavía era el Follonero.

Evidentemente, era una broma, pero Évole pretendía una gamberrada que pusiera en evidencia la relajación de los medios de comunicación a la hora de contrastar y verificar las historias.

2. LA HISTORIA DEL JOVEN REPORTERO *FAKE*

En mayo de 2013, el *New York Times* anunció en portada que sufría «uno de sus momentos más bajos en sus 152 años de historia». ¿Qué fue lo que pasó? El periódico norteamericano reconocía haber publicado las *fake news* que se inventaba Jayson Blair, uno de sus jóvenes periodistas estrella.

En un artículo de cuatro páginas, el *New York Times* detallaba todos los plagios, invenciones y falsificaciones que Blair había colado al periódico en un ejercicio de contrición sin precedentes: el joven había trabajado cuatro años en el *New York Times* y llegó a publicar hasta treinta y seis historias que eran una total mentira y otras setenta que contenían plagios y falsedades.

Las *fake news* se habían colado en uno de los templos mundiales del periodismo escrito. El editor del rotativo, Arthur Ochs Sulzberger, declaró: «Es una brecha en la confianza que los lectores han depositado en nosotros». El escándalo terminó por provocar la dimisión del director y el director adjunto.

3. LA HISTORIA DEL HIJO DE ANGELINA JOLIE Y BRAD PITT QUE QUIERE CAMBIAR DE SEXO

El 29 de junio de 2017 saltó el siguiente titular: «Shiloh, la hija de Angelina Jolie y Brad Pitt, comienza el tratamiento para cambiar de sexo». Los diarios *El Mundo* y *La Vanguardia*, en España, y muchos periódicos latinoamericanos publicaron la noticia citando un despacho de la agencia AFP.

Horas después, la agencia de noticias «desmentía categóricamente ser la fuente de esta información» y pedía a los medios que no la relacionaran con ella. Además, la noticia iba ilustrada con una foto de Shiloh que prácticamente todos los medios usaron y que, lejos de ser reciente, databa de julio de 2016.

La noticia, en cambio, no tuvo eco ninguno en Estados Unidos. ¿Por qué? Pues porque simplemente no picaron. La noticia, evidentemente, era falsa.

4. LA HISTORIA QUE DESCUBRIÓ PHILIP ROTH Y DOS MUERTES CÉLEBRES

El 26 de febrero de 2010, Paola Zanuttini, periodista del diario italiano *La Repubblica*, estaba entrevistando al escritor norteamericano Philip Roth y ocurrió esto:

—Por casualidad ¿también está insatisfecho con Barack Obama? En una entrevista a un diario italiano, *Libero*, resulta que lo encuentra incluso «antipático, además de ineficaz y deslumbrado por los mecanismos del poder» —preguntó Zanuttini.

Y Roth respondió:

—Pero ¡si nunca he dicho una cosa semejante! Es grotesco. Escandaloso. Es lo contrario de lo que pienso. Considero que Obama es fantástico. Y encuentro el ataque al que lo someten los republicanos muy parecido al que sufrió Roosevelt [...]. Estoy muy cabreado por esas declaraciones que me han atribuido; nunca he hablado con ese *Libero*. Desmiéntalo todo. Ahora mismo llamo a mi agente.

No solo llamó a su agente, sino que Philip Roth investigó qué entrevista se había publicado en el diario *Libero* y quién era su autor. Descubrió que todo era *fake*. La entrevista era un invento total de Tommasso Debenedetti. Y no solo esto: Roth también descubrió que Debenedetti había publicado una entrevista *fake* con John Grisham.

Aparte de Roth, otros investigaron el caso y se descubrieron más de veinticinco entrevistas *fake* con personalidades como Gore Vidal, Toni Morrison, E. L. Doctorow, Günter Grass, José Saramago, los flamantes premios Nobel Jean-Marie Gustave Le Clézio y Herta Müller, el Dalái Lama, Lech Walesa, Mijaíl Gorbachov, Elie Wiesel, Noam Chomsky y hasta el cardenal Joseph Ratzinger poco antes de que empezara, en 2005, el cónclave que lo eligió Papa. Debenedetti llevaba diez años creando entrevistas *fake* sin que nadie se hubiera dado cuenta.

Días después de su descubrimiento, Debenedetti dijo en una entrevista: «Me gusta ser el campeón italiano de la mentira». Y justificó así la fabricación de sus entrevistas falsas: «Mi idea era ser un periodista cultural serio y honrado, pero eso en Italia es imposible. La información en este país está basada en la falsificación. Todo cuela mientras sea favorable a la línea editorial, mientras el que habla sea uno de los nuestros. Yo, simplemente, me presté a ese juego para poder publicar y lo jugué hasta el final para denunciar ese estado de cosas».

Según Debenedetti, los medios eran cómplices de sus *fake news* y actuaban así: «Tenemos el *scoop*. ¡Exclusiva! Lo damos, y si nos descubren, no es culpa nuestra, sino del (periodista) *freelance* (que la firma)». Es decir, el periódico cerraba los ojos ante lo *fake* y creía que culpar al periodista lo eximía de cualquier culpa y daño. Pero esto no es así; desgraciadamente, con las *fake news* no solo pierden los periodistas firmantes, sino también el periodismo en general y los medios que las publican en particular.

Debenedetti cuenta, además, que una vez, en 2006, estuvo a punto de ser descubierto. «Antes de las elecciones italianas, le hice decir a John Le Carré (en una entrevista *fake*) que habría votado a Berlusconi. La entrevista falsa fue citada por *Il Corriere*, Le Carré se enfadó mucho y lo desmintió en *The Guardian*. *La Repubblica* se hizo eco de ello, pero nadie hizo caso. Fue un primer aviso, pero no pasó nada», explica el rey italiano del *fake*.

Años después, el 14 de mayo de 2012, Umberto Eco difundió esta noticia en Twitter:

La noticia impactó rápidamente, pero todo era *fake*. Ni Gabriel García Márquez había muerto ni el Umberto Eco real daba cuenta de la noticia. Entonces ¿quién se hizo pasar por Umberto Eco y mató a

Gabriel García Márquez? Tommasso Debenedetti. ¿Por qué lo hizo? Dijo que pretendía señalar de qué forma los periodistas no confirman las noticias de las redes sociales.

Nos situamos ahora en mayo de 2016. El día 3 de ese mes saltó en Twitter la siguiente noticia desde la cuenta @NewsAlfaguara: «URGENTE. Recibimos ahora la noticia de la muerte de Mario Vargas Llosa. El escritor falleció hace minutos por infarto. Sigue nota oficial». La noticia corrió como la pólvora, pero era falsa. ¿Quién fabricó esta noticia falsa? De nuevo, Tommasso Debenedetti.

Estas cuatro historias demuestran dos motivos que evidencian cómo el periodismo anda perdido ante este fenómeno:

1. EL IMPACTO HACE LO IMPOSIBLE

En las Navidades de 2004, en Khao Lak, Tailandia, un tsunami arrasó con todo. Lo imposible era sobrevivir, pero una pareja y sus tres hijos lo lograron. Años después, Juan Antonio Bayona lo mostró en una película que tituló precisamente *Lo imposible*.

Bien, ¿y qué es lo imposible en periodismo? Seguramente, publicar mentiras. Para una profesión que hace de la búsqueda de la verdad su razón de ser es impensable publicar *fake news*. Pero ¿qué lograría actualmente en periodismo hacer lo imposible? El impacto.

Cualquier noticia que sorprenda y atrape al lector, oyente o espectador es inmediatamente bienvenida y publicada, aunque el medio no pueda verificarla ni contrastarla, por falta de tiempo o de datos. Si el titular contribuye a generar más tráfico y clics, adelante.

Estas cuatro historias demuestran, pues, que la búsqueda perpetua de la primicia y el impacto se imponen a la necesaria verificación de datos. Y esto, sin duda, abre las puertas de par en par a la entrada de *fake news*.

2. ¿CULPABLE YO? ¿DE QUÉ?

Es increíble ver cómo una y otra vez los medios escurren el bulto después de publicar una noticia falsa. No se sienten culpables de nada. Parece que no va con ellos y descargan la responsabilidad en otros: en el periodista *freelance* que les ha vendido la historia, en el que ha escrito la noticia o en la fuente que les ha facilitado la información.

Así que el medio publica una noticia falsa pero la culpa es de los demás. Como si el medio no tuviera responsabilidad en el chequeo y verificación de las noticias. ¡Y sí la tiene!

Por ejemplo, de las cuatro historias anteriores, solo el *New York Times* reconoció abiertamente su error y actuó en consecuencia, lo que provocó la dimisión de sus directores.

¿Y luego nos sorprendemos de la escasa confianza que despiertan los medios de comunicación en la gente?

CAPÍTULO 24

RUMORES Y *FAKE NEWS,* ¿SON LO MISMO?

Aunque la respuesta debería ser no, es sí. Los rumores de siempre hoy pueden convertirse fácilmente en *fake news* virales. Veamos:

El 22 de mayo de 2017 se produjo un atentado en Manchester a la salida de un concierto de Ariana Grande en el que murieron veintidós personas. Al rato, el *Huffington Post* titulaba:

«Se habla de que hubo un "aviso" en Twitter sobre el atentado en Manchester»

La noticia mostraba el tuit emitido desde la cuenta @Owys663 e informaba así:

No se sabe todavía si el mensaje está vinculado al incidente o si simplemente pretendía alarmar; no obstante, este martes en Twitter han logrado identificar al dueño de la cuenta y se especula sobre los posibles vínculos que el usuario pudiera tener con el incidente.

La Policía de Manchester ha confirmado al *HuffPost* del Reino Unido que han recibido numerosas consultas sobre el tuit, pero que, de momento, no podían confirmar más detalles sobre el atacante o sobre cualquier persona relacionada con el incidente.

Y acto seguido reproducían en la noticia el contenido del tuit:

> «¿Habéis olvidado nuestra amenaza? Esto es simplemente el terror. Tenemos más.»

Lo normal es que cualquiera de nosotros, al leer este titular del *Huffington Post*, nos lo creamos y le otorguemos toda la credibilidad, puesto que proviene de un medio reputado y confiable. Es más, lo más probable es que con el tiempo alguno de nosotros terminemos por recordar que alguien avisó en verdad del atentado de Manchester en Twitter.

Analicemos, sin embargo, la noticia: de entrada, el titular no confirma nada, simplemente se hace eco de un rumor: «Se habla de un aviso...», dice. ¿Se habla? ¿Qué seguridad da en una información una habladuría? La noticia sigue: «No se sabe todavía si el mensaje está o no vinculado al atentado [...] y se especula con los posibles vínculos del usuario con el incidente». «No se sabe» y «se especula» no transmiten mucha confianza en la información, ¿verdad?

Avancemos: «La Policía de Manchester ha confirmado al *HuffPost* del Reino Unido que han recibido numerosas consultas sobre el tuit...». He aquí el único hecho comprobado: mucha gente ha llamado a la policía para preguntar por el mensaje. Pero ¿es real el mensaje o es una noticia falsa?

El diario optó por dar la noticia sin investigar quién la difundía. Simplemente fabricó una noticia de una especulación. Sin embargo, muchos lectores se creyeron la información porque venía de un diario de confianza. El tuit resultó ser una noticia falsa.

Hay nueve razones por las que un rumor se convierte en *fake news*. Las detalla Julieta Tarrés, licenciada en periodismo por la Universidad Torcuato di Tella y autora del trabajo *El rumor como sustituto de la noticia*:[23]

1. **La falta de temas o hechos noticiosos que tengan importancia e interés para el público.**

2. **La negligencia al recolectar información que lleva a publicar datos erróneos o escasos.**

3. **La ambigüedad en la información de una noticia.**

4. **La inmediatez y la necesidad de primicias para poder competir.**

5. **La no confirmación de los datos.**

6. **La falta de fidelidad en la relación con las fuentes.**

7. **La intencionalidad al ocultar información que no se quiere dar a conocer.**

---

23. Tarrés, J., *El rumor como sustituto de la noticia*, tesis de Licenciatura en Comunicación Social, Buenos Aires, 2000. Disponible en: <http://www.monografias.com/trabajos11/rumonot/rumonot.shtml>.

ESPAÑA
F.D.
FRANQUEO EN DESTINO

Con mucho gusto le remitiremos información periódica y detallada sobre nuestras publicaciones. Por favor, rellene esta tarjeta (si es posible en MAYÚSCULAS) e indique los temas de su interés. Las 100 primeras personas que cada mes nos remitan esta tarjeta recibirán un libro de regalo a elección de la editorial. (*Condiciones aplicables solamente al territorio español.*)

☐ Autoayuda y desarrollo personal
☐ Emprendimiento y empresa
☐ Salud
☐ Deporte
☐ Educación
☐ Narrativa contemporánea
☐ Narrativa histórica

☐ Narrativa policíaca
☐ Narrativa juvenil
☐ Chindia (una puerta a Oriente)
☐ Biografías / Testimonios
☐ Historia
☐ Cocina

☐ Libros ilustrados
☐ Clásicos del siglo XIX y XX
☐ Patio (libros infantiles)
☐ Ciencia
☐ Libros que levantan el ánimo (*Feel Good Books*)
☐ Newsletter (4 al año)
☐ Catálogo

SUGERENCIAS . . . .
. . . .

¿EN QUÉ LIBRO ENCONTRÓ ESTA TARJETA? . . . .
. . . .

APELLIDOS . . . . NOMBRE . . . .

PROFESIÓN . . . . FECHA DE NACIMIENTO . . . . . .

DIRECCIÓN . . . .

POBLACIÓN . . . . C.P. . . . .

PROVINCIA . . . . TELÉFONO . . . .

CORREO ELECTRÓNICO

. . . on el dispuesto en el Art. 5 de la Ley Orgánica de Protección de Datos, se informa de que sus datos constan en un . . . chero titularidad de PLATAFORMA EDITORIAL, S.L., con la finalidad de la distribución de literatura. Puede . . . ercer sus derechos de acceso, rectificación, cancelación y oposición en la siguiente dirección: PLATAFORMA EDITORIAL, S.L., c/ Muntaner, nº 269, entlo. 1ª, CP 08021, Barcelona.

8. El deseo de transmitir y dar a conocer una idea propia del comunicador disfrazada de creencia popular.

9. El desconocimiento de la causa o hecho sucedido.

Julieta Tarrés explica en su trabajo sobre el rumor que este se oculta «disfrazándose como portador de información objetiva y verdadera». Igual que las *fake news*. «El rumor —prosigue Tarrés— se inserta en la prensa para poder propagarse y llegar así a formar parte de las noticias, y en otros casos reemplazarlas directamente con el único objetivo de modificar así el centro de atención de la opinión pública.» Igual que las *fake news*.

Y concluye: «Se puede afirmar que el rumor seduce porque proporciona una mejor manera de comprender el mundo». Igual que las *fake news*. Así pues, los rumores de siempre son las *fake news* de hoy.

The Independent @Independent

🐦 Follow

'Hostages have been taken in a restaurant' after Barcelona terror attack ind.pn/2fNJYLn

6:28 PM · Aug 17, 2017

BREAKING NEWS

'Hostages have been taken in a restaurant' after Barcelona ter...
Two armed men are holed up in a Barcelona restaurant after a terror attack there, according to reports. The men – who may be not be

independent.co.uk

El Español @elespanolcom

🐦 Follow

TV3 habla de otro incidente en un restaurante con dos hombres armados y tiroteo en el mercado de la Boquería
elespanol.com/espana/2017081...

5:48 PM · Aug 17, 2017

Voice of Europe @V_of_Europe · 2h
BREAKING: Gunfire heard in 'hostage situation' in restaurant after Barcelona van terror shr.gs/C9gkDBK

BREAKING NEWS

TN Todo Noticias   Toda Pasión   La Viola   Show   Tecno   Con Bienestar   TN Autos   TN   ‹ ›

Uno de los sospechosos por el atentado en Barcelona se atrincheró en un restaurante turco

Se encontraría armado y junto a rehenes dentro del local "Luna de Istanbul" en La Rambla de la ciudad catalana.

Publicada: 17/08/2017 - 14:10 hs.

infobae

Domingo 20 de Agosto de 2017   **AMÉRICA ARGENTINA TENDENCIAS DEPORTES**

Últimas Noticias   Atentado en Barcelona   Eclipse 2017   Corea del Norte   Crisis en Venezuela   Estado Islámico   ⚡ PWA

MUNDO

Dos terroristas armados están atrincherados en un restaurante cerca de La Rambla

La Policía acordonó la zona para interceptar a los agresores sin que haya más civiles heridos. En un principio se dijo que había rehenes pero luego se desmintió

Periodista Digital   Cataluña   ☰ Q f 🐦

Cataluña

Barcelona   Tarragona   Lérida   Gerona

ATAQUE TERRORISTA EN EL CORAZÓN DE BARCELONA

El terrorista islámico se ha atrincherado con rehenes en un bar turco de La Rambla

El criminal se han subido a La Rambla con su furgoneta y han ido a toda velocidad, por el centro, atropellando ciudadanos.

Periodista Digital, 17 de agosto de 2017 a las 18:29

 ⬤⬤⬤

CAPÍTULO 25

RUMORES Y *FAKE NEWS:* EL EJEMPLO DEL ATENTADO DE BARCELONA

En agosto de 2017 se produjo un atentado del Estado Islámico en Barcelona: una furgoneta irrumpió en las Ramblas y atropelló de forma indiscriminada a los paseantes. Murieron quince personas y más de un centenar resultaron heridas. Durante las horas siguientes al atentado, las redes sociales, y en especial WhatsApp, se llenaron de *fake news* de todo tipo. Veamos:

Tras el atropello, varios medios, como RTVE, TV3, *El Español*, *El Nacional*, *El Confidencial*, *The Independent* o Todo Noticias de Argentina, entre otros, informaban de que uno o dos terroristas se habían atrincherado en un restaurante cerca de las Ramblas con rehenes (ver pág. 118).

Alguna televisión llegó a especificar qué tipo de armas portaban los terroristas:

Otros medios fueron más allá e informaron de que la Policía estaba negociando con ellos:

Y otros incluso detallaron el nombre del restaurante:

La noticia corrió por las redes sociales y se difundió en los programas informativos especiales de las principales emisoras de radio y televisión. Pero era *fake*:

A la vez que sucedía este inventado atrincheramiento en el restaurante turco Luna de Istambul, circuló también la siguiente noticia:

**«Tiroteo en El Corte Inglés
por parte del atacante de la furgoneta.»**

La difundieron algunos medios y, sobre todo, muchos usuarios en redes sociales. La noticia se llegó a ilustrar con un vídeo en el que se veía a mucha gente corriendo en el lateral de El Corte Inglés cercano a la plaza Catalunya de Barcelona:

Los Mossos salieron de nuevo al paso y desmintieron la noticia. Era una noticia falsa.

También corrieron *fake news* en forma de llamamiento para encontrar a alguien perdido, como hemos visto también en el caso del atentado del Manchester Arena. Veamos dos ejemplos:

Este mensaje fue retuiteado por más de mil personas en solo diez minutos:

También tuvo más de mil retuits este otro mensaje:

El tal Alfonso no es inventado, existe, pero no se encontraba en Barcelona en el momento de los hechos ni estaba en paradero desconocido. La verdad es que es un joven mexicano protagonista desde hace años de un meme que circula por Internet.

Hubo muchas *fake news* que se difundieron a través de audios grabados de WhatsApp. Daban informaciones como estas:

«O sea, están atropellando a gente en el Arco del Triunfo ahora mismo. Está muriendo gente en el Arco del Triunfo. Lo que pasa es que aún no ha salido en la tele. O sea, flipas.»

Proclamaba una joven en un audio de apenas ocho segundos.

«Chicos, ahora en Paralelo, justo ahora hay un tío matando peña con metralleta. No saben si es el mismo o no, pero, cuidado, al Paralelo tampoco vayáis.»

Decía otra chica por WhatsApp. Y un hombre anunciaba:

«Primo, supongo que has visto lo que ha pasado en Barcelona. Vale, aparte de todo eso…, tengo una amiga en el Ayuntamiento y primero me lo ha dicho ella y luego me lo han confirmado varios amigos que trabajan también en ambulancias y de enfermeros, que los han, bueno, los han reunido a todos, o sea, lo que es a todos, para que se preparen porque se ve que se han escapado otros terroristas aparte del de la furgoneta y los que están atrincherados y que hay varias bombas por toda Barcelona. O sea, que avisad a amigos o lo que sea para que eviten centros comerciales, playas, zonas rollo Sagrada Familia... Eh, que salgan de ahí, que se vayan para casa ya. Al principio he dudado un poco, pero ya cuando han empezado a llamar los de la ambulancia porque saben que yo vivo al lado de Sagrada Familia y me han empezado a llamar..., que hoy no vaya a casa, que hay varias bombas confirmadas, ¿vale? O sea, que id con cuidado.»

Como vemos, quienes grabaron y difundieron estos mensajes de voz aseguraban ser testigos directos de lo narrado o afirmaban tener contactos fiables en la Policía o el Gobierno para dar credibilidad a sus noticias. Pero todo cuanto decían eran mentiras. Sin embargo, el miedo y el pánico hizo que se viralizaran.

En Twitter también circulaban *fake news*. Incluso una que inventaba otro atentado:

La noticia, a pesar de ser *fake*, fue recogida y ampliada por otro usuario:

Una vez más, los Mossos d'Esquadra la desmintieron:

También los Servicios de Emergencias de Catalunya tuvieron que salir al paso de las muchas *fake news* que circularon y publicaron este tuit:

«Si hay nuevos incidentes INFORMAREMOS. NO hay atentados en Vilassar, Arco del Triunfo... ¡son rumores! CONTRASTA LA INFO EN @emergenciascat y @mossos.»

Circularon otros mensajes por WhatsApp. Uno de ellos avisaba: «Esta gente no ha acabado, en las mochilas de uno de los terroristas han encontrado planos de la Maquinista y del Splau» (ambos son grandes centros comerciales de las afueras de Barcelona).

Y otro que se viralizó alertaba de un atentado inminente en España:

Acaban de poner a CNP (Cuerpo Nacional de Policia) en Alerta 5, atentado inminente. Así que durante unos días evitar el transporte público y lugares de interés importante.Me lo acaba de enviar a un grupo que tenemos un amigo que esta en el cuerpo nacional de policia en los geos!!!!!

Han anulado vacaciones y han ido a Madrid 5 grupos mas de UIP (Unidad de Intervencion Policial), y hay un equipo del Geo en el aeropuerto y si hay que hacer carretera siempre alerta..

la renfe esta llena de Policias Nacionales
Confirmado
No se si os habeis enterado pero por las comisarias esta todo revolucionado, alarma inminente de atentado en **BCN, Madrid, Alicante Mallorca y Valencia cerca de la estacion del Norte.**
Algo pasa o estan esperando que pase.
Tener cuidado
Por favor pasarlo a las familias.
*Que eviten cines, discotecas y aeropuertos.

19:21

Una vez más, todo eran *fake news* y tanto los Mossos d'Esquadra como la Policía Nacional y la Guardia Civil se ocuparon de desmentirlas. Pero hubo más: una noticia falsa, por ejemplo, daba cuenta de la llegada del Ejército a Barcelona y la ilustraba con esta antigua fotografía:

Otra llegaba a identificar al segundo terrorista del atropello, difundía su fotografía con un arma y atribuía la información a la cadena norteamericana de noticias CNN:

El hombre de la fotografía es Sam Hyde, un cómico norteamericano experto en crear farsas y *fake news* con su imagen, sobre todo atribuyéndose la autoría de distintos ataques terroristas.

Otra noticia falsa que circuló pedía máxima difusión a la supuesta fotografía de los posibles autores del atentado. Una de esas imágenes ya era pública (la de la derecha), pero la de la izquierda era totalmente *fake*:

Al día siguiente de los atentados circuló esta noticia falsa:

Lógicamente, todo era mentira. No era más que una teoría absolutamente conspiranoide, pero siempre hay alguien que quiere creérsela:

La guinda a todas las *fake news* del atentado de Barcelona la puso el presidente norteamericano Donald Trump con este tuit:

«Estudien lo que hizo el general Pershing de Estados Unidos a los terroristas cuando fueron capturados. No hubo más terror radical islámico en 35 años.»

¿Y qué es lo que hizo el general John J. Pershing? Bueno, lo que se cuenta de las hazañas del general Pershing es que mató a seis musulmanes en Filipinas con balas sumergidas en grasa de cerdo. Lo que ocurrió en verdad es que este general negoció con ellos para que se rindieran y lo logró sin llegar a ejecutar a ningún musulmán.

Con su tuit, Trump nos remitía a una historia *fake* ampliamente extendida en Estados Unidos.

Del alud de *fake news* que circularon tras el atentado en Barcelona podemos aprender cinco lecciones:

1. LAS *FAKE NEWS* NO TIENEN ESCRÚPULOS Y SE APODERAN DEL MIEDO Y EL TERROR

Toda noticia falsa que pida colaboración y ayuda o alerte de algún peligro que puede afectarnos a cualquiera de nosotros tiene todos los números para viralizarse rápidamente.

Quienes fabrican estas *fake news* lo saben, y para dotarlas de credibilidad no tienen ningún escrúpulo en afirmar que tienen amigos, primos o conocidos en la Policía, los servicios de emergencia o hasta en el mismísimo Gobierno. Pero todo es *fake*.

2. LAS *FAKE NEWS* SE APROVECHAN DEL DESCONCIERTO INFORMATIVO

Cuando sucede un hecho de forma abrupta e impactante, como un atropello masivo o un atentado terrorista, los minutos e incluso las horas que siguen al suceso se viven inmersas en un desconcierto informativo en el que tanto las fuentes oficiales, policiales y gubernamentales, como los distintos medios de comunicación, buscan datos que ayuden a construir un relato de los hechos.

En las aguas de este caos informativo es donde las *fake news* nadan en su salsa y en abundancia. **En una confusión informativa, toda noticia es posible, incluso las *fake news*.** Por eso es importante seguir fuentes oficiales y exigirle al periodismo que contraste todas y cada una de las informaciones que difunda.

3. NUESTRA EXPECTATIVA DE INFORMACIÓN INSTANTÁNEA ABRE LAS PUERTAS A LAS *FAKE NEWS*

Admitámoslo: como ciudadanos somos devoradores de información y, ante un hecho tan extraordinario, inesperado e impactante como un atentado terrorista, nuestra avidez de noticias se incrementa exponencialmente. De ahí que la reacción habitual de los medios de comunicación sea ofrecer un seguimiento al minuto de lo que está sucediendo.

En el atentado de Barcelona también sucedió así. Casi todas las cadenas de radio y televisión interrumpieron su programación habitual para ofrecernos un informativo especial que cubría la última hora y los distintos ángulos periodísticos de la noticia.

Los periódicos digitales también lo hicieron, y crearon a tal efecto un *timeline* en el que ofrecían un seguimiento al minuto de la última hora. Su objetivo no era otro que colmar nuestra expectativa de información instantánea. Pero **nuestra expectativa de constantes novedades facilita, sin lugar a dudas, la aparición y viralización de** *fake news***.**

4. NUESTRA AVIDEZ INFORMATIVA CONVIERTE LAS REDES SOCIALES EN UN MEDIO DE INFORMACIÓN SIN CONTROL POR EL QUE SE CUELAN LAS *FAKE NEWS*

Ya sabemos que queremos constantemente novedades informativas sobre un hecho impactante. Pero los medios de comunicación tradicionales, en sus coberturas informativas en tiempo real, se ven atrapados en lapsos de tiempo en los que no fluyen más datos nuevos. Y si a esta espera le añadimos el tiempo necesario que los medios de comunicación tradicionales deberían conferirle a todo dato nuevo para su debido contraste, ocurre que esta expectativa de información en tiempo real no puede ser satisfecha al cien por cien por radios, televisiones y periódicos digitales.

Así pues, vemos cómo los medios de comunicación tradicionales (televisiones, radios o periódicos digitales) no pueden cumplir con su promesa de información veraz instantánea cuando los hechos están ocurriendo en tiempo real y no hay tiempo para contrastar los datos.

Es entonces cuando las redes sociales se convierten en el medio de información más rápido y con más novedades por minuto. En el atentado de Barcelona, por ejemplo, WhatsApp fue el principal informador a tiempo real de lo que iba sucediendo, seguido de Twitter y Facebook.

Esto es bueno y malo. Es bueno porque permite a testigos presenciales de los hechos informar rápidamente de lo que va pasando. Es lo que se ha etiquetado como «periodismo ciudadano». Y es malo porque convierte las redes sociales en un medio de información sin control por el que se cuelan y se propagan las *fake news*.

Curiosamente, muchas de las *fake news* que se difundieron en el atentado de Barcelona por las redes sociales provenían de personas que aseguraban ser supuestos testigos directos de los hechos o que afirmaban tener familiares o buenos contactos en los estamentos oficiales. Así que creérnoslas o no solo dependía de nuestras ganas de hacerlo.

Esto es lo que pasa cuando una red social se convierte en un medio de información: la credibilidad de las noticias que se difunden no depende de la veracidad de los datos, sino que reside solamente en nuestra creencia en ellas.

Si queremos creérnoslas, lo hacemos y les conferimos estatus de noticias reputadas, contrastadas y veraces y las compartimos rápidamente. Si no queremos hacerlo, las desechamos como información poco fiable. Pero todo depende, como siempre en las *fake news,* de nuestra voluntad de creer o no en ellas.

5. COMO CONSUMIDORES DE INFORMACIÓN, SOMOS ANIMALES VIRALES

Cuando decidimos creer en una noticia que nos llega a través de las redes sociales, sea una noticia falsa o no, nos encanta contribuir a su viralización. En este aspecto, nos hemos convertido en animales virales.

Nos pasa que no podemos quedarnos la información para nosotros mismos, sino que sentimos una necesidad imperiosa de compartirla con nuestros amigos y contactos en redes sociales. Y por eso contribuimos irremediablemente a la difusión de *fake news*. Y lo peor de todo es que lo más probable es que lo hagamos sin ser conscientes de ello.

CAPÍTULO 26

MUERTES *FAKE* Y LOU REED

Durante años he ironizado con crear un concurso de televisión cuyo objetivo sería adivinar si las personas por las que se pregunta están vivas o muertas. Podría titularse perfectamente *Vivo o muerto* y la mecánica sería así de básica: «Kirk Douglas, ¿vivo o muerto?». Y el concursante elegiría una de los dos opciones.

Este programa no ha existido nunca y dudo que llegue a realizarse, pero las *fake news* parecen abonadas a jugar con la muerte de los famosos.

El 25 de noviembre de 2016 se anunció la muerte de Fidel Castro. Muchas personas pensaron que era *fake*. ¿Por qué? Pues porque Fidel murió hasta trescientas veces antes en *fake news* que se viralizaron.

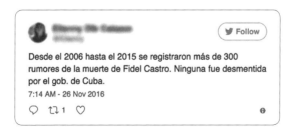

133

En 2015 incluso circuló una foto de Castro en el ataúd:

La foto era *fake*, Fidel Castro seguía vivo entonces. Cuando realmente murió también circuló en Twitter una foto suya en el lecho de muerte en una noticia atribuida a Cubavisión:

Ni Cubavisión dio la imagen ni la foto del expresidente cubano era cierta. Todo era *fake*. En verdad, el régimen cubano no permitió imágenes ni exhibió el cuerpo de Fidel muerto. La imagen correspondía a un fotomontaje que lleva circulando por las redes sociales desde 2014. En México, la agencia de noticias Notimex usó la imagen para informar sobre la muerte de Fidel Castro.

¿Quién más ha visto anunciar su muerte estando vivo? La lista es larga: Justin Bieber, Miley Cyrus, Barack Obama (incluso la cadena de noticias Fox News la dio como cierta en uno de sus informativos), Raphael, Jon Bon Jovi, David Bisbal, J. K. Rowling, Jackie Chan, David Bustamante, el premio Nobel de Literatura Jean-Marie Gustave Le Clézio, Gérard Depardieu...

Han sido tantas las muertes *fake* que se han difundido por las redes sociales que la desconfianza es muy grande. Así, cuando murió Lou Reed pasó esto: la edición estadounidense de la revista *Rolling Stone* la anunció en exclusiva en Twitter el 27 de octubre de 2013:

Rolling Stone publicó la noticia tras habérsela comunicado el propio representante de Lou Reed, pero, al no citarlo en su tuit, la mayoría de los medios no dio la noticia. Pensaron que era un *fake* y querían confirmarlo a través de una segunda fuente.

Y es paradójico porque, antes de Twitter, ¿alguien habría dudado de una noticia así dada por una revista de indiscutible referencia como *Rolling Stone*? ¿Qué ha pasado con la confianza en el periodismo y en los medios de comunicación? ¿Son las *fake news* culpables?

CAPÍTULO 27

Y ESTO, ¿QUIÉN CÓ*O LO DICE?

En el periodismo, una fuente de información determina el origen de la noticia. Es decir, nos dice de dónde procede el hecho sobre el cual se informa. Hablemos ahora de las fuentes de información y de su papel para con las *fake news.*

En mayo de 2017, el presidente norteamericano Donald Trump volvía a Washington tras una gira internacional y arremetió contra los medios de comunicación que insistían en los nexos entre la Casa Blanca y Rusia. Las últimas noticias publicadas afirmaban que el yerno del presidente, Jared Kushner, había tratado de establecer un canal secreto de comunicaciones con Moscú antes de que Trump asumiera el cargo en enero.

¿Dónde y cómo reaccionó Trump? En Twitter, como siempre. Y acusando a quienes daban esta información de fabricar *fake news.* Atentos a sus tuits:

«Cada vez que vean las palabras "según fuentes" en los medios que entregan noticias falsas y no mencionan nombres es muy posible que esas fuentes no existan, sino que son inventadas por personas que escriben noticias falsas. ¡Las *fake news* son el enemigo!», tuiteó Trump.

¡Guau! Un presidente norteamericano dando lecciones gratis de periodismo por Twitter. ¡Temblad, universidades del mundo! Trump pretende enseñarnos a diferenciar entre noticias reales y *fake news*, y su primera clase magistral es acerca de la fiabilidad de la fuente que nos informa. Según él, no mencionar nombres y escudarse en la fórmula «según fuentes» es señal de *fake news*. Pero esto no es del todo cierto.

De hecho, el periodismo ha vivido y vive de fuentes anónimas, y si no que se lo pregunten al también presidente norteamericano Richard Nixon y a su Garganta Profunda. En 1974, Nixon tuvo que dimitir de su cargo después de que dos periodistas destaparan el caso Watergate, un escándalo político que estalló en junio de 1972 con el robo de unos documentos en la sede del Partido Demócrata, rival del republicano Nixon, y que terminó implicando al propio presidente.

¿Cómo lograron destapar el caso Bob Woodward y Carl Bernstein, los dos periodistas del *Washington Post*? Pues gracias a Garganta Profunda. ¿Y quién era Garganta Profunda? Su nombre real era William Mark Felt y era el número dos del FBI en esa época. ¿Y qué hizo como fuente anónima de información? Pues filtrar toda la información necesaria a los periodistas para que demostraran la implicación de Nixon en el escándalo desde un garaje subterráneo. Según el *New York Times*, Garganta Profunda fue la fuente anónima más famosa de Estados Unidos.

Trump dice que una fuente anónima es sinónimo de *fake news,* pero esto no es así. Para un periodista, una fuente anónima es tan legítima como otra siempre que pueda corroborar sus revelaciones a través de los hechos. En sus tuits, Trump destaca la importancia de atribuir la noticia a un nombre. ¿Es esto garantía de buena información? Veamos otro ejemplo: tras la investidura de Trump en enero de 2017, Sean Spicer, secretario de prensa del presidente, afirmó que fue «la más vista de la historia». Lo dijo en la rueda de prensa de forma enérgica y autoritaria con estas palabras: «La ceremonia del viernes tuvo la mayor audiencia para una toma de posesión de la historia, y punto». ¡Y punto!, toma ya. Y no contento con esto, aleccionó a los periodistas: «Eso es de lo que deberían estar escribiendo y cubriendo».

La noticia, sin duda, menciona un nombre: Sean Spicer, secretario de prensa de la presidencia de Estados Unidos. Un nombre claro, identificable, pero ¿confiable? Según las imágenes, no:

Investidura de Trump. 2017   Investidura de Obama. 2009

Y según los datos, tampoco. De acuerdo con lo que dijo la Policía de Washington, la asistencia a la investidura de Trump fue de unas 800.000 personas. Obama, en su primera investidura en 2009, concentró a 1,8 millones de personas. Trump y su Gobierno nunca dieron datos oficiales de asistencia.

¿Y si Spicer se refería a que fue la más vista en televisión? Pues tampoco. Para la firma especializada en medición de audiencias Nielsen, la investidura de Trump fue vista por 31 millones de personas. La primera toma de posesión de su antecesor, Barack Obama, tuvo 37,8 millones de espectadores y la investidura más vista de la historia fue la primera de Ronald Reagan, en 1981, con una audiencia de 41,8 millones de personas.

La noticia, sin duda, se atribuye a un nombre claro, Sean Spicer, señal de buena información según las lecciones de periodismo de Trump. Sin embargo, es una noticia falsa.

El buen periodismo debe basarse en hechos y no en declaraciones, por mucho que quien lo diga sea presidente o portavoz de un Gobierno. Porque sucede que quienes tienen o se arrogan el poder de ser una fuente de información pueden crear y difundir *fake news* muy fácilmente si quieren según sus intereses.

Así que ante una nueva información conviene preguntarse: «Y esto, ¿quién co*o lo dice?» y «¿A quién co*o le interesa que se diga y por qué?».

CAPÍTULO 28

TRUMP Y LAS *FAKE NEWS: MAKE JOURNALISM GREAT AGAIN?*

«Los periodistas están entre los seres humanos más deshonestos de la Tierra.» ¿Quién dijo esta frase en enero de 2017? **Evidentemente, Donald Trump,** tras la polémica sobre la cifra de asistentes a su investidura.

Durante la campaña, Trump no tembló a la hora de calificar a la prensa de «escoria» y de acusar a distintos medios críticos con él de difundir *fake news* y, tras su elección, convocó una reunión privada con periodistas y directivos de los principales medios de comunicación estadounidenses. Esto fue lo primero que les dijo: «Entro en una habitación llena de mentirosos, sois todos unos mentirosos».

La guerra de Trump contra el periodismo es total. Mirad este tuit que publicó en febrero de 2017:

«Los medios que dan *fake news* no son mi enemigo, son enemigos del pueblo americano», tuiteó Trump. También dijo: «Los medios deshonestos NUNCA nos apartarán de cumplir nuestros objetivos en beneficio de nuestro GRAN PUEBLO AMERICANO». ¿Tan honesto es quien ataca de esta forma a los medios de comunicación?

La Unidad de Datos de Univisión Noticias determinó, a una semana de las elecciones presidenciales norteamericanas de 2016, que por cada mentira de Hillary Clinton, Trump soltaba cuatro. Y, sin embargo, es él quien acusa a la prensa de deshonesta por difundir *fake news*.

Más allá de cuántas *fake news* difunda, ¿de verdad que la guerra de Trump contra las *fake news* tiene como objetivo **«make journalism great again»**? La respuesta es no.

Lo que en verdad persigue el presidente norteamericano con sus ataques furibundos a la prensa es dilapidar la confianza de la sociedad en el periodismo. Una confianza basada en la construcción de un relato fiable, contrastado y verificado de lo que ocurre y que toma forma de cuarto poder ante Gobiernos y poderes fácticos para abanderar la investigación y la revelación de hechos contra la versión oficial.

En julio de 2017 llegó a colgar en Twitter un videomontaje en el que él mismo aparecía propinando una paliza de *pressing catch* a un luchador al que le puso el logo de la cadena CNN. El vídeo terminaba modificando el logotipo de la CNN por el de FNN, acompañado del *claim Fraud News Network* (Red de Noticias Fraudulentas).

Durante los primeros cien días de su presidencia, Trump llegó a escribir más de quinientos tuits. Newsweek Media Group analizó el contenido de estos mensajes. ¿Adivináis cuál fue la expresión que usó más veces Trump en sus tuits? Evidentemente, las palabras más repetidas fueron «fake news». Las usó hasta en treinta ocasiones, seis más que su propio eslogan de campaña: «Make America Great Again».

¿Por qué cargarse el periodismo es bueno para Trump?

1. PORQUE RELATIVIZA LA VERDAD DE LOS HECHOS Y LO FÍA TODO A SU VERSIÓN

Ya lo dijo Sean Spicer, portavoz de la Casa Blanca, el día después de la investidura de Trump: «Ha sido la más vista de la historia, y punto». En otras palabras, lo que Trump quiere decir es: «Yo digo lo que está pasando. Y punto».

2. PORQUE ABRE LA PUERTA A QUE LAS CREENCIAS PERSONALES SE IMPONGAN CADA VEZ MÁS A LA REALIDAD DE LOS HECHOS

Mi opinión cuenta más que los hechos. Dicho de otro modo, no ocurre lo que ocurre, sino lo que yo quiero creer que ocurre. O lo que yo digo que ocurre. De esta forma es más fácil imponerles a los «creyentes» el relato que se quiera de los hechos.

Y esto es lo que pretende Trump: erigirse en un mesías para sus creyentes y poder manipular las noticias a su antojo para construir su propio relato informativo. Fijaos en lo que afirmó en un mitin en julio de 2017: «Los *fake media* están tratando de silenciarnos, pero no los dejaremos. Porque la gente sabe la verdad. Los *fake media* trataron de impedirnos llegar a la Casa Blanca, pero yo soy presidente y ellos no lo son». «Tratan de silenciarnos, pero no los dejaremos.» A Trump solo le faltó añadir: «Porque nosotros somos la verdad».

¿Les suena la expresión *alternative facts*? La acuñó Kellyanne Conway, consejera de Trump, en una entrevista televisiva para defender que la investidura del presidente había sido la más multitudinaria de la historia, en contra de las evidencias. *Alternative facts*, o hechos alternativos, es un eufemismo inventado por el Gobierno de Trump para no reconocer que su verdad es una falsedad intencionada que pretende imponer una visión *fake* de las cosas para que sea tomada como verdad.

Groucho Marx hacía este chiste: «Estos son mis principios. Si no le gustan, tengo otros». Y ahora Trump dice muy en serio: «Estos son los hechos de la noticia. Si me llevan la contraria, tengo hechos alternativos».

3. PORQUE, EN MEDIO DE UNA CONFUSIÓN INFORMATIVA, LO *FAKE* ES EL REY

Jestin Coler tiene cuarenta años y vive en California. Es votante registrado del Partido Demócrata y, sin embargo, crea *fake news* contra ellos. Coler es fundador y CEO de Disinformedia, una de las mayores empresas de *fake news* que se conocen, y creador de *Denver Guardian*, un portal de *fake news* con apariencia de periódico local.

Coler afirma que lo hace por dinero, pero también porque disfruta creando confusión informativa: «Realmente la parte financiera no es la única motivación para mí. Disfruto haciendo un lío a las personas que comparten el contenido que sale de nuestras webs». Es curioso, Coler fabrica *fake news* por dinero, pero disfruta confundiendo a la gente.

«Si no puede convencerlos, confúndalos.» Esta frase se le atribuye al expresidente norteamericano Harry S. Truman y es precisamente lo que persiguen quienes crean *fake news* con fines ideológicos.

En noviembre de 1995, Ignacio Ramonet, como director de la versión española de *Le Monde Diplomatique*, tituló así el primer editorial:

«INFORMARSE CUESTA»

Era finales del siglo xx y Ramonet alertaba de la creciente influencia de la televisión como medio de comunicación dominante a la hora de informarse. Sostenía que no era posible hacerlo adecuadamente a través de ella porque «la sucesión rápida de noticias breves y fragmentadas produce un doble efecto negativo de sobreinformación y desinformación».

¿Qué diría ahora Ramonet, cuando ya la televisión no es el principal medio de información y ha dejado paso a Facebook, YouTube, WhatsApp o Twitter? Si antes, para él, un telediario ya creaba confusión informativa porque daba una veintena de noticias breves y fragmentadas, ¿cuánta confusión informativa tenemos ahora que la difusión de noticias breves es constante e instantánea? La respuesta es mucha. Vivimos en medio de una gran confusión informativa y en mitad de esta tormenta perfecta lo *fake* campa a sus anchas.

Estas son tres razones por las que Trump batalla contra el periodismo y los medios de comunicación. Y visto lo visto, la lucha de Trump contra las *fake news* no tiene intención ninguna de hacer que el periodismo vuelva a ser grande. Lo que Trump pretende es erigirse en mesías de la información para:

MAKE JOURNALISM FAKE AGAIN.
AND AGAIN.
AND AGAIN.
AND AGAIN.
POR LOS SIGLOS DE LOS SIGLOS. AMÉN.

Solo así logrará imponer su visión de la realidad a la verdad misma.

CAPÍTULO 29

¿ALGUIEN HA VISTO LA VERDAD DEL PERIODISMO?

«El periodismo debe ser la verdad de cada día». Lo dijo Calibán, seudónimo con el que firmaba el célebre periodista colombiano Enrique Santos Montejo. Y así debería ser, pero desde hace ya tiempo **la verdad para el periodismo ha dejado de ser incuestionable para ser interpretable**.

En 2017 el *New York Times* hizo una campaña con el lema: «La verdad es difícil. Difícil de encontrar. Difícil de saber. La verdad es ahora más importante que nunca». Totalmente de acuerdo con el *New York Times*, pero ¿dónde está la verdad periodística?

Hay tres factores que explican la pérdida de valor de la verdad por parte de los medios de comunicación:

1. LA VERDAD YA NO ES INTOCABLE, AHORA ES PERSONALIZABLE

«Información al gusto del consumidor.» Este sería el mejor lema para describir cómo el periodismo se ha cargado la idea de la verdad periodística. Veamos algunos ejemplos:

En España, Eduardo Inda, director del periódico *online Okdiario*, fue demandado por su redactor jefe de investigación, Francisco Mercado, por obligarlo a mentir en sus informaciones. En la demanda, el redactor jefe acusa al director de «manipular y falsificar su trabajo en contra de su voluntad y sin su consentimiento».

Sirva este titular como ejemplo: «La Policía investiga si [Pablo] Iglesias ingresó 272.000 dólares de Venezuela en un paraíso fiscal». Así tituló el redactor jefe de *Okdiario* una noticia. Tras pasar por el filtro del director, la misma noticia se convirtió en esta otra: «El Gobierno de Maduro pagó 272.000 dólares a Pablo Iglesias en el paraíso fiscal de Granadinas». No es lo mismo, ¿verdad?

El primer titular era una noticia; el segundo, una noticia falsa creada por el mismo director del periódico con una marcada intención ideológica. La primera noticia buscaba informar de la verdad (es decir, contar las cosas como son); la segunda, en cambio, no pretende dar con la verdad, sino con una verdad personalizada que el director del medio quiere transmitir a sus lectores (es decir, contar las cosas como queremos que sean).

El primer titular informa de que la Policía investiga un posible delito de evasión fiscal por parte de Pablo Iglesias. Para el director de *Okdiario*, la noticia no debe poner el foco en este posible delito, sino que debe crear un marco mental que relacione a Pablo Iglesias con el Gobierno de Maduro. La intención ideológica de la noticia falsa es evidente. El redactor jefe, Francisco Mercado, optó por cesar voluntariamente su contrato con *Okdiario* «para evitar seguir dañando su nombre y prestigio periodístico», según reza la demanda presentada el 4 de febrero de 2017.

Otro ejemplo fue el tratamiento que algunos medios de comunicación hicieron del atentado del 11 de marzo de 2004 en la estación de Atocha en Madrid. Desde el principio, el Gobierno de Aznar intentó apuntar a ETA como autora del atentado, una teoría que intentó sostener hasta la celebración de las elecciones del 14 de marzo, y que, al perderlas, siguió alimentando desde la oposición durante la primera legislatura de Zapatero.

El diario *El Mundo*, afín a la ideología del PP, abanderó la defensa de la inexistente culpabilidad de ETA durante años a través de noticias presentadas como pruebas reveladoras de la conexión etarra. Con el tiempo, evidentemente, se desmontaron. Porque no eran más que *fake news*.

Vamos con un ejemplo. Fijémonos en esta historia informativa: en mayo de 2006, *El Mundo* publicó el siguiente titular: «La furgoneta del 11-M tenía una tarjeta del Grupo Mondragón en el salpicadero».[24] La noticia apuntaba: «Los primeros policías que llegaron hasta la furgoneta Renault Kangoo, la que se encontraba en la mañana del 11-M junto a la estación de tren de Alcalá de Henares, observaron algo en su interior que les llamó la atención [...]. En la tarjeta podían leerse con claridad las palabras Grupo Mondragón. Tenía un número de teléfono fijo cuyo prefijo también llevaba al "norte"».

Era una noticia falsa de tomo y lomo. En verdad, las pruebas demostraron que lo que se encontró dentro de la furgoneta fue una

---

24. «La furgoneta Kangoo del 11-M tenía una tarjeta del Grupo Mondragón en el salpicadero», *El Mundo*, 3 de mayo de 2006. Disponible en: <http://www.elmundo.es/elmundo/2006/05/03/espana/1146632951.html>.

cinta de casete de la Orquesta Mondragón y la tarjeta de visita era de Gráficas Bilbaínas, una empresa de Madrid. El periódico, sin embargo, manipuló estos datos para crear un relato distinto que insistiera en la conexión del atentado con ETA. *El Mundo* nunca rectificó esta noticia falsa y todavía hoy en España hay quien piensa que el 11-M fue obra de ETA.

Pueden parecer casos aislados o anecdóticos, pero no lo son. En España, desde hace años, los periódicos no tienen reparos en manipular la verdad de los hechos para enfocarla de acuerdo con su verdad ideológica con el objetivo de fidelizar a los lectores. **Ahora ya no importa tanto la verdad como la personalización de esta verdad para crear «mi verdad» o «nuestra verdad».**

Para las elecciones de junio de 2016, la web satírica *El Mundo Today* creó lemas y webs falsas de los principales partidos políticos españoles. Uno de los chistes que hizo sobre el PP fue este lema sobre una foto de Rajoy: «Recorreré España buscando los apoyos de los míos». Pues el periodismo está en las mismas: recorre las noticias buscando la manera de enfocarlas para encontrar el apoyo de los suyos. Para fabricar, en definitiva, **una información al gusto del consumidor**.

2. LA INFORMACIÓN YA NO VALE NADA, AHORA ES GRATIS

¿Quién paga hoy por informarse? Con la digitalización, el periodismo ha sufrido una crisis económica que ha afectado a su deontología de forma grave.

Antes todo el mundo pagaba por tener su periódico. Hoy en día nadie paga por leer un diario *online*, con lo que los ingresos deben generarse a base de clics. Antes, además, el periódico se compaginaba una sola vez y así se imprimía. Ahora, en cambio, la web de noticias debe refrescarse constantemente para que podamos visitarla varias veces al día. Es como hacer varios periódicos al día.

Ante esta situación no hay duda de que la calidad de la información ha bajado, baja y seguirá bajando. Y también la de los periodistas. Es el precio que hay que pagar por tener noticias gratis.

3. LAS NOTICIAS YA NO SE HACEN PARA INFORMAR, SINO PARA QUE PIQUES

Si las noticias en Internet son gratis, la única forma que tiene el periodismo de financiarse es conseguir que nosotros piquemos en sus titulares y cliquemos para leer sus informaciones.

Los medios no tienen otra opción que generar tráfico en sus portales y lograr la difusión de sus noticias. Y para conseguirlo buscan seducirnos en cada titular para que piquemos y cliquemos.

Ante esta necesidad financiera, los titulares engañosos, los rumores que se disfrazan de noticias o las fotografías impactantes son ganchos que los medios digitales usan para lograr nuestro clic. Sin embargo, son recursos que abren de par en par las puertas a las *fake news.*

Entonces ¿cómo puede recuperar el periodismo el valor de la verdad periodística? Ahí van cinco primeros pasos:

1. NO CREAR NI PUBLICAR MÁS *FAKE NEWS*

Simplemente decirlo y hacerlo. Y cuando ocurra porque no se ha hecho bien el ejercicio periodístico de contrastar y verificar la información, reconocerlo abiertamente, como hizo *El País* con la fotografía de Chávez o el *New York Times* con los reportajes falsos de Jayson Blair.

En definitiva, la idea sería viralizar los desmentidos y el reconocimiento de la publicación de una noticia falsa con la misma efectividad que estas se propagan.

2. NO USAR EL PODER DEL PERIODISMO POR INTERÉS PROPIO NI DE NADIE

El poder del periodismo no radica en fabricar noticias que beneficien o perjudiquen al Gobierno o a uno u otro partido político o poder establecido, ni tampoco se basa en perpetuar un juego de intereses establecido como garantía de futuro y estabilidad social. Su poder está en la libertad de investigar los hechos para construir un relato confiable y veraz de lo que ocurre con independencia de sus consecuencias y más allá del relato interesado y propagandístico de las élites dominantes.

El periodismo se ejerce para que los ciudadanos estén bien informados, y esto contribuye a la salud informativa de la sociedad. Para lograrlo, el periodismo no debería usar su poder por interés propio ni de nadie.

3. SER INDEPENDIENTES

«Libre, como el sol cuando amanece, yo soy libre como el mar.» Así cantaba Nino Bravo, y sería maravilloso que también lo hiciera el periodismo a diario. Lograr ser libre e independiente de poderes políticos y económicos sería un paso de gigante a la hora de recuperar una información de calidad, alejada de intereses determinados.

Para ello, los medios deben asegurarse su supervivencia y rentabilidad económica. Es difícil, pero hay que intentar lograr las cosas sin pensar que son imposibles. Si conseguimos medios que conecten con una ciudadanía que aprecie los valores del periodismo y contribuya a su financiación a cambio de una información prémium, daremos un gran paso para terminar con las *fake news.*

4. PRIMAR LOS HECHOS Y ALEJARLOS DE TODA OPINIÓN

Durante la campaña electoral norteamericana de Bill Clinton contra George H. W. Bush, la frase «Es la economía, estúpido» se popularizó tanto que llegó a convertirse en un lema no oficial de Clinton y lo ayudó definitivamente a ganar las elecciones. Parafraseándolo, el periodismo podría acuñar este lema para ganar su partida contra las *fake news*: **«Son los hechos, estúpido».**

Desde su origen el periodismo tiene sentido en tanto que se erige como constructor de un relato fidedigno de la realidad. Para ello, el periodismo debería alejar toda opinión a la hora de informar. Versionando a Descartes, este debería ser el compromiso del periodismo: **«Hechos, luego opina».**

5. ABANDONAR EL PERIODISMO DE DECLARACIONES Y APOSTAR POR EL PERIODISMO DE INVESTIGACIÓN

En periodismo esto es indiscutible: los datos construyen la noticia, no las declaraciones. Es justo lo contrario que pretende Donald Trump: el presidente norteamericano quiere que las noticias se escriban en función de lo que él y su entorno dicen, y para ello acusa a quienes no lo hacen de publicar *fake news.*

Un buen paso para el periodismo sería alejarse de las ruedas de prensa y empezar a ser curioso de nuevo. Como apunta Bob Woodward, el poder del periodismo está en investigar aquello que nadie quiere decir.

CAPÍTULO 30

MAKE JOURNALISM POWERFUL AGAIN

Ante el fenómeno de las *fake news*, el *Washington Post* ha añadido a su cabecera este mensaje:

«Democracy Dies in Darkness» (La democracia muere en la oscuridad), una frase a modo de advertencia, pero también de reivindicación del poder del periodismo en la búsqueda de la claridad y la verdad de las cosas que pasan. Pero ¿cuál es el poder real del periodismo?

«El poder del periodismo dice que en primer lugar está la verdad, incluso antes que la vida.» Bob Woodward lo define así, y añade: «Se diseñó así para que los medios tengan el poder de investigar a todo el mundo y pedirles cuentas».

Y ahora la gran pregunta es: ¿dónde está el poder del periodismo basado en la investigación y la revelación de hechos? ¿Es posible recuperarlo para frenar la virulencia de las *fake news*? Propongo tres ideas para lograrlo:

1. NO NOS OLVIDEMOS NUNCA MÁS DEL *FACT CHECKING*

El periodismo ha abanderado la verificación de datos, o, como ahora la llaman, el *fact checking*, como la primera herramienta útil contra las *fake news.* Algo es algo. Es un primer paso, pero no olvidemos que la mera comprobación de información debería formar parte de la rutina periodística.

Pero ¿realmente sirve de algo el *fact checking*? ¿Tiene algún efecto disuasivo sobre la creación de *fake news*? ¿Consigue mitigar la impronta que dejan las *fake news* en nuestro cerebro? La respuesta a las tres preguntas es no. Por duro que sea, el *fact checking* solo sirve para que el periodismo reconozca su vulnerabilidad.

Que una herramienta tan básica e intrínseca en el ejercicio periodístico sea reivindicada ahora como la más necesaria demuestra que el periodismo no es infalible. Y como humanos que somos, cuando vemos que algo es vulnerable, nos cuesta confiar en ello. De hecho, solo uno de cada tres ciudadanos confía actualmente en los medios de comunicación tradicionales.

En cuanto a su capacidad disuasiva, el *fact checking* no surte efecto porque a los creadores de *fake news* les da igual que les descubran la mentira porque cuando consiguen hacerlo siempre es tarde. Para entonces la noticia falsa ya ha circulado y su virus ya se ha inoculado en nuestro cerebro. Y ya lo hemos explicado antes: cuando una noticia falsa ha entrado en nuestra mente solo hay dos posibilidades: o somos capaces de recordar exactamente que era una mentira o, si simplemente nos suena de algo, nuestro cerebro la dará como verdadera.

A pesar de su poca eficacia, celebremos la vuelta del *fact checking* a la práctica periodística y exijamos no olvidarnos nunca de comprobar las informaciones. Sería un primer paso para la recuperación de la confianza en el periodismo.

2. EXIJAMOS UN PERIODISMO DE HECHOS, NO DE DIMES Y DIRETES

Parafraseando a Rajoy: «Son los ciudadanos los que eligen a su periodismo y es el periodismo el que quiere que sean los ciudadanos sus lectores». Dicho de otra manera, como ciudadanos nos toca exigir al periodismo una recuperación de su deontología y un ejercicio de la profesión fundamentado en la investigación y en la información basada en hechos contrastados, comprobables y verdaderos.

Es nuestra obligación, pues, demandar al periodismo una información basada en hechos y no en declaraciones y un ejercicio periodístico alejado de prejuicios y objetivos ideológicos.

3. VOLVAMOS A PAGAR POR INFORMARNOS

¿Cómo podemos volver a confiar en el periodismo? Sé que parece imposible, pero no lo es. Yo doy una primera idea: conseguir de verdad un periodismo libre e independiente. Creo que sería la mejor herramienta contra las *fake news* que todos nosotros tenemos ahora mismo a nuestro alcance.

Ahora bien, para lograrlo no estaría de más que todos arrimáramos el hombro. Iría bien que como ciudadanos que queremos ser informados correctamente comprendiéramos que hoy en día lo gratis siempre tiene un precio escondido que pagamos.

Así que, si queremos buena información, estaría bien pagar por ella. Como diría Lola Flores: «Si todos los españoles me dieran una peseta, pagaría mi deuda con Hacienda». Lola tenía mucha jeta, pero no decía ninguna tontería. Si todos pagáramos por informarnos y fiáramos nuestra necesidad informativa a estos medios contrastados y seguros, creo que les pondríamos las cosas más difíciles a las *fake news.*

CAPÍTULO 31

¿CÓMO NOS INFORMAMOS HOY EN DÍA?

Hemos estado hablando hasta ahora del periodismo como lo entendíamos antes de las redes sociales. Pero ¿cuánto hace que no leemos un periódico en papel?

Antes los periódicos eran nuestra principal fuente de información. Actualmente lo son Facebook, YouTube y WhatsApp. Facebook lo es en todo el mundo excepto en dos países: Japón y Corea del Sur. Los japoneses usan YouTube para informarse y los surcoreanos, Kakao Talk, una red social local.[25] En Estados Unidos, por ejemplo, el 62 % de los ciudadanos se informa a través de las redes sociales.[26]

¿Y qué cambio supone el hecho de informarnos a través de Internet y las redes sociales? Básicamente dos:

25. Según un estudio del Reuters Institute for the Study of Journalism de 2017.
26. Según el estudio de la Pew Research Center de 2016.

1. LAS NOTICIAS VIENEN YA SIN GARANTÍAS

Antes, el periodismo tradicional ejercía de garante de la fiabilidad y la veracidad de las informaciones. Ahora, ya ni siquiera nos importa de dónde proviene la noticia. Un estudio de 2017 del Reuters Institute for the Study of Journalism en la Universidad de Oxford revela que el 53 % de los usuarios que encontraron una noticia en las redes sociales no recuerdan el medio que difundió el contenido. Por tanto, ya no nos importa saber su origen para determinar su fiabilidad. Así pues, todo queda en manos de nuestra creencia. Y otro hecho más: en Internet y en las redes sociales, una noticia falsa tiene la misma capacidad de viralizarse que un hecho auténtico e informativo. Sin duda, lo facilitan mucho la estructura misma de la red y su modelo económico de pago por clic.

2. LAS NOTICIAS VIVEN Y SE REPRODUCEN DENTRO DE BURBUJAS DE OPINIÓN

El mismo estudio del Reuters Institute for the Study of Journalism ha detectado un cambio en el modo de consumir información en el mundo. Ahora muchos usuarios prefieren compartir y comentar las noticias de forma privada y en chats con grupos reducidos. ¿Os suena WhatsApp? O sea que como consumidores de noticias preferimos informarnos y comentar las noticias dentro de nuestra burbuja de opinión. De esta manera vemos cómo en Internet las *fake news* son rentables y tienden a reafirmarnos y a encerrarnos dentro de una comunidad, es decir, dentro de nuestra burbuja.

Amigos, nos guste o no, nos estamos metiendo en la boca del lobo. **Esta manera de informarnos y de compartir noticias a través de nuestras burbujas de opinión que voluntariamente nos hemos creado en las redes es, como estamos viendo, el escenario ideal para el éxito de las *fake news.***

CAPÍTULO 32

TODOS SOMOS YA UN MEDIO DE COMUNICACIÓN

Retuitea, cuélgalo en tu muro, wasapéalo, repinéalo... No te quedes para ti solo esta noticia: ¡compártela! Las redes sociales nos empujan a ello y nos lo ponen muy fácil. ¿Y qué hacemos nosotros? Pues compartir, compartir y compartir, una acción tan normal que ha cambiado el paradigma de la comunicación.

Antes la información fluía de unos pocos emisores hacia todos nosotros. Las noticias nos llegaban empaquetadas bajo cabeceras de periódicos o de noticiarios de radio y televisión en los que confiábamos a la hora de que nos explicaran qué sucedía. Ahora, en cambio, la información la consumimos de forma desempaquetada. Nos llega un titular por redes directo al móvil sin saber siquiera de dónde ha salido. Si encaja en nuestra visión del mundo, nos importa poco o nada su procedencia. Simplemente lo consumimos y lo compartimos.

Este es el verdadero cambio de paradigma. Antes tener un periódico, una radio o una cadena de televisión para difundir información era muy caro y exclusivo. Hoy en día, con las redes sociales, la circulación y el acceso a la información se ha democratizado. Cualquiera puede escribir un blog, colgar noticias en su muro de Facebook, tuitear, wasapear... En definitiva, todos podemos difundir informaciones que nos interesan o benefician, también *fake news*. Esta posibilidad nos convierte a todos en un medio de comunicación en las redes sociales.

Todos somos ya un medio de comunicación. Eso sí, un medio que solo refleja nuestra verdad. Mi verdad. Por ejemplo, en julio de 2017, la Asociación Nacional del Rifle de Estados Unidos difundió un vídeo crítico con quienes se movilizan en contra de Trump. El vídeo, de apenas un minuto, empieza así: «Ellos usan sus medios de comunicación para asesinar noticias verdaderas». ¡Toma ya!

Otro ejemplo: el chaval de diecinueve años que difundía *fake news* durante la campaña electoral de Hillary Clinton y Trump desde Veles, Macedonia, lo hacía simplemente porque ganaba dinero. Así de claro lo dijo en un reportaje a la BBC: «A los estadounidenses les encantan nuestras historias y nosotros hacemos dinero con ellas. ¿A quién le importa si son verdaderas o falsas?».

CAPÍTULO 33

BIENVENIDO A TU REALIDAD DESEADA

Vamos a imaginar un mundo en el que está prohibido llevar la contraria. Un mundo en el que decir: «Esto no es así» o «No tienes razón» está castigado con penas de destierro o muerte virtual. Un mundo encerrado en una burbuja al que solo pertenecen los amigos, compañeros o conocidos que son como tú, piensan como tú y creen lo mismo que tú.

Este mundo no es futurista, sino que ya existe: son nuestras redes sociales. Fijémonos un momento en nuestros grupos de WhatsApp, en a quién seguimos y quién nos sigue en Twitter, con quién compartimos nuestro muro de Facebook. ¿Ahora qué? **¿Tenemos la sensación de vivir encerrados dentro de una burbuja de gente afín a nosotros en la que está prohibido llevar la contraria?**

De este nuevo mundo, los expertos explican que está lleno de burbujas de opinión y que cada uno de nosotros no solo vivimos dentro de una de ellas, sino que en verdad somos sus rehenes.

Veamos cómo: los algoritmos de búsqueda en Internet se programan con un objetivo: hacernos felices. Para hacerlo filtran las búsquedas de acuerdo con nuestra forma de ser, con nuestros gustos y con nuestros clics anteriores para dirigirnos de nuevo una y otra vez al mismo mundo. De hecho, los algoritmos de filtrado en la red limitan la diversidad de puntos de vista y facilitan la difusión de informaciones fabricadas a medida. A nuestra medida. A tu medida.

Veamos un ejemplo: Facebook filtra los contenidos que aparecen en nuestro muro de acuerdo con nuestras preferencias y afinidades con nuestros contactos. De esta forma, nos encierra en unas preciosas burbujas que nos aíslan. Y nosotros, al parecer, nos quedamos contentos.

En este nuevo mundo en red, las *fake news* viven de maravilla. De hecho, no hay mundo mejor para su difusión que estas burbujas.

¿Qué pasa cuando una noticia falsa entra en una burbuja de opinión? Esto: la noticia falsa penetra, una o varias personas la reciben, la contrastan con su propia opinión y, si refuerza sus convicciones, la comparten sin necesidad de verificarla. Simplemente se la creen y la propagan. Una vez que empieza a ser compartida por alguien dentro de la burbuja, es muy probable que el resto también lo haga, porque en realidad todos piensan lo mismo.

Las *fake news* son un virus que pretende invadir nuestra burbuja de opinión y tomar su control. Y a esto también ayudan los algoritmos de Internet, porque si alguna vez hemos clicado y compartido una noticia falsa, el algoritmo nos pone en la diana para que recibamos más y más y más noticias falsas.

En 2017, la agencia de comunicación Edelman publicó un estudio mundial sobre la confianza.[27] Veamos tres datos reveladores:

---

27. Disponible en: <http://www.edelman.com/trust2017/>.

1. El 53 % de todos nosotros no escuchamos a los que no están de acuerdo con nosotros.

2. El 52 % de todos nosotros no cambiamos nunca de opinión sobre temas sociales importantes.

3. Somos cuatro veces más propensos a ignorar una información si esta es contraria a nuestras creencias.

Estamos, pues, atrapados en un mundo de opinión deseada. Un mundo que es nuestro, con habitantes que opinan igual que nosotros. Por eso no escuchamos al disidente, no cambiamos de opinión e ignoramos las noticias que no nos dan la razón. **Vivimos, en realidad, encerrados dentro de nuestro propio informativo irreal: así que bienvenido a tu realidad deseada.**

4

CONTRA LAS *FAKE NEWS:* PLAN DE ATAQUE

CAPÍTULO 34

¿CÓMO DETECTAR *FAKE NEWS*?

Muchos nos creemos capaces de distinguir una noticia falsa de una noticia real. Somos así de chulos. Ahora bien, ¿en qué nos basamos para tener tanta confianza?

Según el «I Estudio sobre el Impacto de las Fake News en España»,[28] estas son las pistas que nos hacen detectar una noticia falsa:

1. **El contenido de la noticia es irreal o poco verosímil.** Un 29,6 % de los españoles se ve capaz de descubrir así una noticia falsa.

2. **El medio en que aparece publicada la noticia no es confiable o tenemos dudas sobre ello.** Un 26,9 % tiene fe en esto.

3. **El titular de la noticia es demasiado alarmista, ridículo o improbable.** Para el 17,9 % de los encuestados, esta es la señal de alerta más determinante.

---

28. «I Estudio sobre el Impacto de las Fake News en España», *op. cit.*

4. No saber quién firma la noticia. Un 7,7 % se fija en el autor de la noticia y lo cree suficiente para decidir si activa o no sus sospechas.

5. Tras contrastar y verificar la información, concluimos que es una noticia falsa. Ojalá que esta fuera siempre la señal de alarma, pero tan solo un 5,8 % de los españoles afirma que es la mejor manera de descubrir la mentira.

6. El sentido común, la lógica y nuestro bagaje cultural. Un 3,1 % confía en su propio pensamiento lógico y en su conocimiento previo para detectar una posible noticia falsa.

Basándonos en estas señales nos creemos capaces de detectar una noticia falsa. La verdad, sin embargo, nos dice que no somos tan buenos descubriéndolas. De hecho, el 70 % de quienes navegan por Internet no son capaces de distinguir una noticia falsa de una noticia real. Ahí van diez preguntas que debes hacerte ante una posible noticia falsa:

1. ¿DE DÓNDE SALE ESTA NOTICIA?

Mira la URL o el nombre del sitio web en el que lees la noticia. Si la web tiene un nombre inusual, desconfía. Ten en cuenta que muchos sitios que difunden *fake news* intentan imitar los diseños de portales oficiales o confiables modificándolos en un detalle para confundirnos.

2. ¿CÓMO ESTÁ REDACTADA Y DISEÑADA LA NOTICIA?

Busca indicios de baja calidad: textos mal escritos, faltas de ortografía evidentes, diseños poco profesionales, titulares escritos en mayúsculas y con signos de exclamación, información sin enlaces a fuentes o fotos sensacionalistas. Si encuentras algunos de ellos, alerta.

3. ¿QUIÉN FIRMA LA NOTICIA?

Asegúrate de confiar en la fuente de información. Si no puedes, haz saltar la alarma. Y si sospechas que puede haber intereses ocultos en la difusión de la noticia, también alerta.

4. ¿QUÉ EMOCIONES TE PROVOCA LA NOTICIA?

Recuerda que las *fake news* apelan al miedo, a la indignación o buscan darnos la razón y reafirmarnos en nuestras creencias y prejuicios. Si sientes algo así, activa tu luz roja en el cerebro.

5. ¿DE DÓNDE SALEN LAS FOTOGRAFÍAS?

No olvides esto: el poder de la imagen y la rapidez de circulación en las redes sociales facilitan las *fake news*. Por eso muchas *fake news* se ilustran con imágenes impactantes. Recuerda que aunque las estés viendo pueden estar manipuladas o sacadas de contexto. Verifica su origen.

6. ¿ES COHERENTE EN EL TIEMPO LO QUE CUENTA LA NOTICIA?

Puede parecer una tontería, pero muchas *fake news* no tienen respeto por el orden cronológico de los hechos. ¿Es posible que Ariana Grande fuera herida en el Manchester Arena si cuando hubo la explosión en las afueras del recinto ella todavía estaba en el interior del escenario? Pues muchos se creyeron la noticia.

7. ¿SERÁN CIERTOS LOS DATOS DE LA NOTICIA?

Compruébalos antes de creértela. En agosto de 2016, Rusia fue excluida de los Juegos Paralímpicos por dopaje. Tiempo más tarde corrió el siguiente titular: **«Trump: "Quienes no permiten que Rusia vaya a los Juegos Paralímpicos son unos cretinos"».** La noticia afirmaba que Trump había hecho estas declaraciones en una entrevista a la BBC. El titular corrió como la pólvora y fue visto por más de sesenta millones de personas, pero la simple comprobación del dato revelaba que la BBC nunca entrevistó a Trump y que el presidente de Estados Unidos nunca dijo nada al respecto.

8. ¿INTUYO ALGÚN INTERÉS PARTIDISTA O IDEOLÓGICO EN LA NOTICIA?

Recuerda: todas las *fake news* son interesadas. Unas por dinero y otras por cuestiones políticas o de influencia ideológica en nuestras opiniones.

9. ¿SE VE CLARAMENTE QUE ES UNA BROMA?

Hay muchos medios *online* que se dedican a hacer parodias o bromas en forma de titulares de prensa. Aunque la noticia te llegue fuera de estos portales, lee todo su contenido. Si es una broma, su tono y su redactado lo harán evidente.

10. ¿QUÉ GANO COMPARTIENDO LA INFORMACIÓN?

La noticia me ha llegado y tengo ganas de compartirla; ¿por qué? ¿Busco reforzar mi opinión compartiéndola dentro de mi burbuja social para lograr el apoyo y el reconocimiento del grupo, contribuyendo así a crear una memoria conjunta y a sentirme arropado en mis prejuicios? ¿O acaso persigo lucrarme viralizando la noticia? En cualquiera de los dos casos, si detectas alguno de estos dos beneficios, revisa la información, porque es probable que estés ante una noticia falsa.

CAPÍTULO 35

CINCO IDEAS CONTRA LAS *FAKE NEWS*

¿Qué hacemos contra las *fake news*? Aquí van cinco ideas:

1. MEJOR PERIODISMO: MÁS HECHOS, MENOS OPINIÓN

De entrada, exigirle al periodismo una puesta a punto para que recuperemos nuestra confianza en él. El *New York Times* respondió a la idea de «hechos alternativos» del Gobierno de Trump con este tuit:

Truth.
It's hard to find.

The New York Times

Just facts. No alternatives.
Save on the subscription of your choice.
WWW.NYTIMES.COM

«Verdad. Es difícil de encontrar. Solo hechos. Sin alternativas.» En efecto, para el periodismo no hay más alternativa: tiene que recuperar su poder para relatar las cosas que pasan como realmente son.

2. HACER TODO LO POSIBLE PARA REDUCIR SU DIFUSIÓN

«Todos contra el fuego. Tú lo puedes evitar» fue el eslogan de la campaña que protagonizó Serrat en 1990 para la prevención de los incendios forestales. El inventor de la World Wide Web, Tim Berners-Lee, ha exigido en una carta abierta de marzo de 2017 que Google y Facebook hagan avances serios contra las *fake news*: «Ciertos algoritmos pueden favorecer la aparición de información sensacionalista diseñada para sorprender en lugar de reflejar la verdad, y esto puede propagarse como un incendio forestal». ¿Todos contra el fuego, entonces?

Google afirma haberse aplicado el cuento y ha anunciado que ya ha introducido cambios en su algoritmo para impedir que las *fake news* se cuelen en los primeros lugares de los resultados de búsqueda. Y también lo ha hecho Facebook. Su vicepresidente, Adam Mosseri, ha afirmado en julio de 2017 que han aplicado cambios en su algoritmo para reducir o eliminar enlaces de «mala calidad». Y nosotros, ¿qué? ¿Nos apuntamos?

3. CONVERTIRNOS TODOS EN UNOS CAZADORES DE *FAKE NEWS*

Venga, también nosotros vamos contra el fuego. Pero no todos somos periodistas. Como afirma Esther Wojcicki, directiva de Creative Commons, «la mayoría de la gente no sabe reconocer una noticia falsa de una real. No entienden lo que es una fuente de información y que aquellos a los que citas en una historia son lo más importante». Así que estaría bien poder acceder a una mejor educación comunicativa y a unas herramientas que nos faciliten convertirnos en unos cazadores de *fake news.*

Twitter, por ejemplo, ya está explorando la opción de añadir una pestaña que permita marcar tuits que contengan información engañosa, falsa o dañina. Esto mismo lo hace B.S. Detector, una extensión para tu navegador que te ayuda a identificar sitios de noticias falsos y satíricos y otras fuentes cuestionables de noticias agregando una etiqueta de advertencia.

Facebook, por su parte, lanzó en enero de 2017 el Facebook Journalism Project con el objetivo de profundizar lazos con los medios de comunicación y lograr «un ecosistema de noticias y un periodismo sanos», según anunció su director de producto, Fidji Simo.

Además, Facebook también ha puesto en marcha el News Literacy Project, una plataforma para instruir a los usuarios sobre cómo utilizar los medios, y ha creado el News Integrity Initiative, un consorcio global con un fondo de catorce millones de dólares administrado por la Escuela de Periodismo de la Universidad de Nueva York que financiará investigaciones y proyectos para conocer mejor las noticias y aumentar la confianza en el periodismo. Dan Gillmor, uno de los profesores creadores del proyecto, lo explica así: **«El conocimiento sobre las noticias es importante. Como no podemos mejorar apenas la producción de noticias, tenemos que capacitarnos más para convertirnos en usuarios de medios mejores y más activos».**

Otro cazador de *fake news* es el creador de *Wikipedia*, Jimmy Wales. Ha lanzado *Wikitribune*, un periódico *online* concebido para desmentir *fake news*. «Por primera vez periodistas profesionales trabajarán codo con codo junto a periodistas ciudadanos escribiendo noticias a medida que ocurren, editándolas según se van desarrollando y en todo momento ayudados por una comunidad que comprueba y recomprueba todos los hechos», ha explicado. El periódico es gratis y los periodistas de *Wikitribune* cobrarán de las donaciones que quieran hacer sus lectores.

En Internet ya hay webs que cazan *fake news*, como #StopBulos, Snopes, La Buloteca, Hoaxy, Cazahoax, FactCheck.org, Maldito Bulo... Y en Francia, por ejemplo, se creó, en febrero de 2017, CrossCheck, una herramienta colectiva de verificación de datos *online* con treinta y siete socios participantes. Su objetivo era ayudar a desenmascarar *fake news* durante las diez semanas previas a las elecciones presidenciales francesas.

Son algunas iniciativas que buscan mejorar nuestro conocimiento del mundo de las noticias, pero lo realmente importante para convertirnos en unos cazadores de *fake news* es que queramos serlo, que nos mantengamos siempre alertas y que, antes de compartir una noticia, nos planteemos siempre si estamos o no ante una noticia falsa.

4. ACABAR CON LA IMPUNIDAD DE LAS *FAKE NEWS*

¿Difundes *fake news* y no pasa nada? Es decir, ¿difamas, atentas contra la libertad de expresión mintiendo intencionadamente, buscas lucrarte con ello y manipular lo que piensa la gente y no te pasa nada? En un juicio, todo testimonio jura o promete decir la verdad. Y si no lo hace, incurre en un delito de falso testimonio con penas de seis meses hasta tres años de cárcel. ¿Por qué mentir en un juicio es delito y, en cambio, mentir en una noticia falsa no?

En Alemania, por ejemplo, el ministro de Justicia, Heiko Maas, ya ha pedido penas de cárcel para quienes difundan *fake news*. Para él, «las calumnias y las difamaciones no están protegidas por la libertad de expresión» y pide a jueces y fiscales que persigan estos delitos también en Internet. Delitos que en Alemania se castigan con penas de hasta cinco años de cárcel. En la misma línea, Martin Schulz, presidente del Parlamento Europeo de 2012 a 2017, ha pedido una regulación europea a favor de endurecer las penas

CINCO IDEAS CONTRA LAS *FAKE NEWS*

contra los difusores de *fake news*. Y el presidente de la Comisión Europea, Jean-Claude Juncker, ha instado a Facebook y al resto de redes sociales a actuar con contundencia contra la difusión de *fake news* en Internet.

5. SIN «PASTA» NO HAY PARAÍSO PARA LAS *FAKE NEWS*

Desincentivar económicamente las *fake news* y los sitios que las alojan y las difunden haciendo que los anunciantes no inviertan en ellos sería un gran paso contra las noticias falsas. Para Tim Berners-Lee, «el problema de las *fake news* es que la mayoría de la gente recibe sus noticias e información de un puñado de sitios en redes sociales y motores de búsqueda que reciben dinero cada vez que alguien da clic a sus enlaces».

Facebook asegura que ya se ha puesto a ello, según palabras de su vicepresidente, Adam Mosseri: «Hemos descubierto que la mayoría de publicaciones falsas se realizan con fines económicos, para ganar dinero, no por motivos ideológicos. Si podemos reducir la cantidad de dinero que esos proveedores ganan reduciendo su impacto en Facebook, puede que dejen de usar nuestra plataforma para publicar *fake news*».

A finales de agosto de 2017, Facebook anunció que bloqueará la publicidad de las páginas que difundan *fake news*. «Las noticias falsas son dañinas para nuestra comunidad, hacen que el mundo esté menos informado y erosionan la confianza», afirmaba la red social al anunciar la medida. Así pues, destruyamos su paraíso económico y muchas *fake news* dejarán de tener razón de ser.

5

BIENVENIDOS AL
FAKE WORLD

CAPÍTULO 36

FAKE NEWS, LA NUEVA DROGA

Las drogas actúan sobre el sistema límbico de nuestro cerebro y provocan una sensación artificial de placer. Pero ¿qué placer nos dan las *fake news*? Apunto cuatro:

1. EL PLACER DE TENER LA RAZÓN

Tener razón es un placer que nos exalta el ego y la vanidad. Cuando tenemos razón nos sentimos vencedores, y ganar es un placer enorme. Cuando tenemos razón nos sentimos poderosos, y sentirse más fuerte que los demás es un placer enorme. Cuando tenemos razón nos sentimos seguros, y la seguridad es un placer enorme. Cuando tenemos razón nos sentimos realizados, y la autoafirmación es un placer enorme. Cuando tenemos razón nos sentimos mejores, y ser los mejores es un placer enorme. Cuando tenemos razón nos sentimos superiores, ¡otro gran placer! Las *fake news* buscan darnos la razón para darnos el placer de tenerla.

2. EL PLACER DE SER ACEPTADOS POR LOS DEMÁS

¿Te importa lo que dicen los demás de ti? A todos nos importa. De hecho, a nadie le gusta verse rechazado o sentirse un *outsider* dentro de una comunidad. Y cuando nos ocurre, nos venimos abajo.

De ahí que todos busquemos siempre ser aceptados por los demás. Y para conseguirlo compartimos vivencias personales, fotografías y también noticias en nuestras comunidades sociales reales y virtuales, puesto que cada vez que logramos la aprobación de los demás nos sentimos felices y alegres, aunque lo que compartamos sean *fake news.*

3. EL PLACER DE ESTAR DE ACUERDO

Imaginemos que un amigo nos ha invitado a una fiesta con más personas que no conocemos. Vamos y durante el festejo conversamos con dos de ellas. Con la primera discrepamos en todo. Con la segunda, en cambio, descubrimos que somos afines, que estamos de acuerdo, que compartimos una opinión. ¿Con cuál de las dos personas pensaremos que podríamos llegar a ser amigos?

Nos gusta relacionarnos con gente afín a nosotros. Somos así. Y nos gusta compartir una visión del mundo porque hace que nos sintamos arropados participando de algo común. Por eso cuando compartimos una noticia falsa y los demás están de acuerdo con ella nos da un placer enorme.

4. EL PLACER DE SENTIRNOS CONECTADOS

Conectar con alguien es un gran placer. De hecho, dicen que en esto se basa el amor: en descubrir a otra persona con la que te entiendes perfectamente, con la que ríes por las mismas cosas, a alguien que piensa como tú. ¡Alcanzar esto es algo mágico! Por eso cuando compartimos *fake news*, entre otras muchas cosas, buscamos lograr esa conexión con los demás.

Ahora que ya hemos visto qué placeres nos dan las *fake news* y el hecho de compartirlas, **¿podemos decir que las *fake news* son una droga? Placer nos dan, y adicción también. Adicción porque las *fake news* satisfacen constantemente una necesidad más o menos inconsciente que tenemos como consumidores de información, la necesidad de encontrar noticias que nos reafirmen en nuestra verdad.** Además, los algoritmos, sin duda, contribuyen a que nos enganchemos. Al compartir una noticia falsa, nos convierten inmediatamente en carne de cañón para recibir nuevas *fake news*.

En el libro *Un mundo feliz,* Aldous Huxley hacía tomar a sus ciudadanos una droga llamada soma. Reunía todas las ventajas del cristianismo y del alcohol, es decir, fe y euforia. Hoy en día, las *fake news* también reúnen fe y euforia: la fe de creer en todo aquello que reafirma nuestros prejuicios y la euforia de corroborar que se está en lo cierto.

En *Un mundo feliz*, el soma estaba en todas partes y era administrado por el propio Estado con el fin de controlar las emociones de los ciudadanos y mantenerlos contentos. Hoy en día, las *fake news* están en todas partes y son administradas por comunicadores que buscan ganar dinero o por presidentes, Gobiernos, grupos de presión o medios de comunicación con el fin de controlar las opiniones de los ciudadanos y mantenerlos contentos. O por países que buscan mejorar la visión que se tiene de ellos en el mundo o que persiguen fines ideológicos y geoestratégicos de mayor alcance.

En *Un mundo feliz*, la gente a menudo se toma unas vacaciones de soma para encontrarse mejor anímicamente. Hoy en día, la gente parece que se está tomando unas vacaciones de las noticias veraces para informarse mejor a través de las *fake news*.

Con las *fake news* buscamos que la realidad sea como queremos. De hecho, son la droga que nos evade de la realidad para regalarnos nuestro mundo ideal como verdad. Con soma o con *fake news,* en el fondo, lo que todos deseamos es que todo sea según nuestra verdad para poder vivir en nuestro mundo feliz.

CAPÍTULO 37

FAKE NEWS Y POSVERDAD

La posverdad se ha puesto de moda. El *Diccionario Oxford* la eligió como palabra del año 2016. La posverdad define la circunstancia en la que los hechos objetivos son menos influyentes en la opinión pública que las emociones y las creencias personales. En otras palabras, la verdad *per se* ya no tiene éxito, ahora solo importa mi verdad.

¿Es la posverdad algo nuevo? No, solo es una palabra nueva, un neologismo para definir un oficio tan viejo como la especie humana. Desde la antigüedad se han contado chismes, bulos y mentiras. Y desde los inicios del periodismo se han enfocado las noticias para atraer y fidelizar a los lectores moldeando los hechos a una verdad más afín a su pensamiento.

Los políticos anteriores a Trump también mintieron. Y también hicieron de la propaganda una herramienta muy útil para sus intereses. Y también acusaron a los medios de comunicación de mentir. Joseph Goebbels hoy sería todo un maestro de la posverdad. Bob Woodward también está de acuerdo: «La posverdad ya la practicaba Nixon». Recordemos: Woodward fue uno de los dos periodistas del caso Watergate, que culminó con la dimisión del presidente norteamericano.

Para Peter Pomerantsev, autor del libro *La nueva Rusia. Nada es verdad y todo es posible en la era de Putin*, los gobernantes actúan así en estos tiempos de posverdad: «La propaganda pasa por la desinformación: rechazar los hechos y empuñar la posverdad. Putin y Trump insisten en que la verdad es lo que ellos dicen, aunque un día sea una cosa y otro día sea otra. No hay debate posible».

¿Qué papel juegan las *fake news* en la posverdad? Las *fake news* son el tren de alta velocidad que nos lleva directos a la posverdad. Expliquémoslo: decimos que la posverdad es el reinado de las emociones y las creencias personales por encima de los hechos contrastados y verificables. Pero ¿cómo logramos que esto suceda? Con *fake news*, es decir, con historias que nos hagan creer que la realidad es como nos gustaría que fuera: una realidad a la carta. De hecho, este es el objetivo de las *fake news:* generar ideas erróneas que establezcan una opinión pública que sea rápidamente reproducida por los propios usuarios.

Y ya estamos, pues, en el mejor campo de batalla para que la posverdad gane esta guerra: Internet. Hoy en día, para muchas personas solo existe y es verdad lo que ven y leen en Internet. Las páginas webs y las redes sociales son su única fuente de información.

Si a esto le añadimos que la velocidad que imponen estas redes sociales empuja a los usuarios y a los consumidores de noticias a preferir compartir la información antes que analizarla, nos damos cuenta de que estamos perdiendo la batalla. Las *fake news* vuelan, se viralizan y nos conducen a una realidad de posverdad donde solo importa mi verdad.

CAPÍTULO 38

FAKE NEWS Y GENTE *FAKE*

Prestemos atención a dos casos que existieron antes de la moda de las *fake news*.

El primero nos lleva a Estados Unidos. Todos sabemos qué sucedió el 11 de septiembre de 2001 en Nueva York: unos atentados terroristas derribaron las Torres Gemelas del World Trade Center, y en el piso 78 de la Torre Sur se encontraba en el momento de la explosión Tania Head, que afortunadamente sobrevivió.

Tania se convirtió en uno de los testimonios más recurrentes en reportajes y documentales sobre el ataque. En esas intervenciones, Tania explicaba cómo el impacto del avión en la torre llegó a decapitar a su secretaria y que ella quedó entonces inconsciente y su brazo empezó a arder. Tania Head detallaba que había sobrevivido gracias a la ayuda de un voluntario que, con la cara tapada con un pañuelo rojo, le apagó las llamas y la ayudó a salir.

No solo eso, Tania narraba que iba a casarse a los pocos días del atentado, pero que su novio había fallecido en la Torre Norte. Y añadía que en su huida un hombre desconocido a punto de morir le dio su anillo de bodas para que se lo entregase a su esposa. Tania se alegraba de haberlo hecho en cuanto se había recuperado.

La historia de Tania Head era tan potente que la llevó a presidir la Red de Supervivientes del World Trade Center en 2004. Tres años después, varios periodistas del *New York Times* descubrieron que Tania Head era un *fake*. Su verdadero nombre era Alicia Esteve, como descubrió *La Vanguardia*, y el día de los atentados no estaba en Nueva York, sino en Barcelona.

Tania Head nunca hizo declaraciones tras destaparse su *fake*, pero al investigar su historia descubrimos que Tania construyó su mentira basándose en verdades:

Tania se contó entre los supervivientes de la Torre Sur. Como dijo estar en el piso 78 en el momento del impacto, eso la colocó en una lista en la que solo había dieciocho supervivientes. Ella fue la número diecinueve. Era verdad que había habido supervivientes en los pisos superiores al lugar donde se estrelló el avión. Pocos, pero los había.

También aseguraba que su novio se llamaba Dave. En la Torre Norte murió un hombre llamado Dave, pero su familia negó cualquier conexión con Tania Head. Afirmó, además, que el impacto del avión le lesionó el brazo, y era cierto que lo tenía maltrecho, pero no había sido por culpa del atentado, sino de un accidente de tráfico anterior.

Tania contó que sobrevivió gracias a un voluntario que llevaba un pañuelo rojo en la cara. En la historia del rescate del World Trade Center existe la historia de Welles Crowther, conocido como el Héroe del Pañuelo Rojo. De él se cuenta que llegó a entrar y salir tres veces del edificio para rescatar hasta a doce personas, hasta que murió en su interior al colapsar la Torre. Tania Head se incluyó entre estos doce rescatados, pero nunca se pudo comprobar su veracidad.

Tania Head fue una persona respetada y querida en Nueva York hasta que la verificación de los datos de su historia por parte del *New York Times* destapó que era un *fake*.

El segundo caso sucede en España. Enric Marco contaba a quien quisiera escucharlo su testimonio como prisionero número 6.448 y superviviente del campo de concentración nazi de Flossenbürg. Narraba su historia con todo tipo de detalles. «Llegábamos en trenes infectos, nos desnudaban y sus perros nos mordían», detallaba Marco. Llevaba treinta años explicando su historia, y era tan conmovedora que en 2001 fue distinguido con la Creu de Sant Jordi de la Generalitat de Catalunya, lo que lo llevó a presidir la Asociación Amical Mauthausen hasta 2005.

Daba unas mil charlas al año y todos los que lo escuchaban se conmovían con su relato. Esto también pasó el 27 de enero de 2005 en el Congreso de los Diputados, en el primer acto de homenaje a los cerca de nueve mil republicanos españoles deportados por el Tercer Reich. Este es un extracto de su discurso de aquel día: «Hay que recordar a esos niños que no reían y tampoco lloraban, porque no tenían capacidad, siempre en la oscuridad, que eran como la simiente del diablo, según los nazis. Los destruían en cuanto tenían ocasión. Aquellos niños que las madres no podían salvar. Cuando llegaba la primera selección, y nos ponían a los hombres a un lado y a los niños y a las mujeres a otro, las mujeres formaban un círculo y defendían a sus hijos con sus cuerpos y con los codos, lo único que tenían».

Evidentemente, Enric Marco llegó, habló y emocionó. Como siempre desde 1978, hasta que en 2005 el historiador Benito Bermejo descubrió que su testimonio era *fake*. Al ser descubierto, Enric Marco, en una entrevista a *La Vanguardia* el 11 de diciembre de 2009, alegó lo siguiente: «Mentí para resaltar la verdad. ¿Debo pedir perdón por eso?». Y explicó que edificó su *fake* en torno a sus verdades: «Inventé solo la pequeña distorsión de que había estado preso en el campo nazi de Flossenbürg, pero es que sí me detuvo la Gestapo, y sí me juzgaron por actividades contra el Tercer Reich, y sí estuve meses en el penal nazi de Kiel, en una celda de trabajo...».

Pero no solo eso, sino que justificaba su *fake* basándose en la verdad: «Todo lo que yo relataba a periodistas, a jóvenes en institutos, a autoridades en actos públicos o en el Parlamento... ¡eran todo verdades!: vivencias personales o vivencias que muchos deportados me habían confiado». Y, además, razonaba así su decisión de ser una persona *fake*: «Yo explicaba lo que los auténticos supervivientes no eran capaces de explicar. Yo lo explicaba con vehemencia, con la necesaria elocuencia. Y funcionaba. Gustaba a todos. No era vanidad, era servicio: ¡yo presté mi voz a los deportados!».

Añado dos declaraciones de intenciones más de Enric Marco que recogió Efe Televisión tras ser desenmascarado. La primera: «La mentira surgió en 1978 y la mantuve porque parecía que me prestaban más atención». Y la segunda: «No mentí por maldad». Y termino con la explicación que Marco dio acerca de la creación de su testimonio *fake*: «Entré en la Amical Mauthausen y decidí... enriquecer el relato. Evangelizaba y evangelizaba, y fui víctima de aquel mesianismo...».

Sin duda, el Holocausto ocurrió. Hay pruebas irrefutables de ello. Lo *fake* es el paso de Enric Marco como prisionero del campo de concentración de Flossenbürg. Eso no sucedió nunca.

Así que recapitulemos cuáles son los seis argumentos de Marco para justificar su personalidad *fake*:

1. **MENTIR PARA RESALTAR LA VERDAD.**

2. **ENRIQUECER EL RELATO** para crear una mentira a partir de unas verdades distorsionando la realidad lo necesario para crear una historia alternativa creíble.

3. DECIR QUE SE CUENTA LO QUE OTROS HAN CONTADO QUE ES VERDAD.

4. MENTIR POR BONDAD: para ayudar a contar la verdad que otros no saben o no pueden explicar.

5. MENTIR PORQUE ASÍ SE CAPTA MÁS LA ATENCIÓN.

6. MENTIR PARA EVANGELIZAR Y SER EL MESÍAS DE LA VERDAD, como Trump.

Estamos ya al final del libro: ¿os suenan todas estas justificaciones de Enric Marco como ingredientes para la creación de *fake news*? Y otra pregunta más: ¿y si las *fake news* son solo la avanzadilla de un mundo *fake* lleno de informaciones y personas *fake*?

FAKE WORLD
BIENVENIDO A TUS NOTICIAS AFINES

CAPÍTULO 39

FAKE NEWS, FAKE WORLD?

Bienvenidos a Fake World. Un nuevo mundo como usted siempre soñó. Con gente como usted. Con opiniones como las suyas. Sin nadie que le lleve la contraria. Sin ninguna realidad que lo incomode.

En Fake World vivirá como siempre anheló. Todo será como usted piensa que debe ser. Un mundo donde nada es lo que parece porque todo parece ser según lo que usted desea que sea. Un mundo virtual a su gusto en el que ya no importa la verdad, sino la visión de la realidad que lo hace feliz.

En Fake World encontrará siempre las noticias a su gusto y descubrirá gente que simulará para usted ser el testimonio que siempre quiso conocer. Para quienes trabajamos en Fake World, solo nos importa darle las noticias que usted quiere ver, oír y leer. Su satisfacción es nuestra razón de ser. Su felicidad, nuestra misión. Y su verdad, nuestra realidad.

Bienvenido a su mundo feliz.
Bienvenido a sus noticias afines.
Bienvenido a Fake World.

Próximamente en las mejores democracias del mundo. Si lo desean, pueden reservar sus plazas *online* o a través de sus *fake news* favoritas.

Si, por el contrario, no quieren vivir en Fake World, estén atentos a las noticias.

Su opinión es importante.
Estaremos encantados de recibir sus comentarios en:

www.plataformaeditorial.com/miopinionporunlibro

Introduzca el código **FN83MA18**
y le enviaremos un libro de regalo.

Vaya a su librería de confianza.
Tener un librero de cabecera es tan recomendable
como tener un buen médico de cabecera.

«*I cannot live without books.*»
«No puedo vivir sin libros.»
Thomas Jefferson

Plataforma Editorial planta un árbol
por cada título publicado.